공부보다
중요한
습관
혁명

공부보다 중요한
습관혁명

초판 1쇄 인쇄 2014년 6월 13일
초판 1쇄 발행 2014년 6월 20일

지은이 | 김옥림
펴낸이 | 박영철
펴낸곳 | 오늘의책

책임편집 | 김정연
커버디자인 | 홍시
본문디자인 | 서진원

주소 | 121-894 서울 마포구 잔다리로7길 12 (서교동)
전화 | 070-7729-8941~2 팩스 031-932-8948
이메일 | tobooks@naver.com
블로그 | blog.naver.com/tobooks

등록번호 | 제10-1293호(1996년 5월 25일)

ISBN   978-89-7718-350-6 03180

이 도서의 국립중앙도서관 출판예정도서목록(CIP)은 서지정보유통지원시스템 홈페이지(http://
seoji.nl.go.kr)와 국가자료공동목록시스템(http://www.nl.go.kr/kolisnet)에서 이용하실 수
있습니다.(CIP제어번호:CIP2014017846)

공부보다 중요한 습관 혁명

평생을 결정짓는 청소년의 하루

지은이 김옥림

모든 성공은 좋은 습관에서 온다

"습관은 인생을 좌우한다."

이는 투자의 천재, 자선의 소중함을 기쁨으로 실천하는 워런 버핏이 한 말이다. 그는 습관이 인생을 좌우한다고 했다. 이는 습관을 어떻게 들이냐에 따라 성공도 할 수 있고 실패도 할 수 있다는 말이다. 습관이 그만큼 중요하다는 것을 의미한다.

습관엔 좋은 습관과 나쁜 습관이 있다. 좋은 습관은 긍정적이고 능동적인 자아를 실현하게 하지만, 나쁜 습관은 능력을 훼손시키고 부정적인 사람으로 만든다. 성공적으로 인생을 살았거나 살고 있는 사람들에게 볼 수 있는 가장 보편적인 특징은 좋은 습관을 갖고 있다는 것이다.

성공한 사람들에겐 동서양과 시대를 떠나 그들만의 공통점이 있다.

첫째, 남과 다른 자기만의 색깔을 가졌다.

둘째, 자신의 한계를 극복할 수 있는 강한 의지를 지녔다.

셋째, 시간을 자신과 같이 소중히 여겼다.

넷째, 감사하는 마음을 갖고 매사에 감사했다.

다섯째, 실패를 두려워하지 않고 끝까지 해내는 힘을 가졌다.

여섯째, 자기만의 철학이 있다.

일곱째, 상대를 배려하는 마음이 좋다.

여덟째, 항상 긍정적으로 말하고 행동했다.

아홉째, 남을 비판하기보다는 칭찬을 잘했다.

열째, 책을 가까이하고 즐겨 읽었다.

그러나 실패한 자들의 대부분은 좋은 습관을 갖지 못했다. 실패자들은 대개 나쁜 습관에 길들여져 있어, 나쁜 습관이 그들의 영특함과 재능을 아무 쓸모없이 만들어버린 것이다. 그래서 좋은 습관을 갖는다는 건 매우 중요하다. 좋은 습관은 삶에 있어 정신적으로든 행동적으로든 길이 되어주고, 빛이 되어주는 인생의 비타민이다. 하지만 나쁜 습관은 인생을 방해하고 그릇되게 하는 걸림돌만 될 뿐이다.

좋은 습관을 기르기 위해서는 어떻게 해야 할까?

첫째, 하기 힘들어도 몸에 밸 때까지 꾸준히 해야 한다.

둘째, 양약이 입에 쓰지만 몸에 좋은 것처럼 좋은 습관은 하기 싫다. 하지만 반드시 극복해야 한다.

셋째, 규칙적인 생활을 통해 몸과 마음을 규칙적으로 만들어야 한다.

이 세 가지를 기본으로 해서 실천한다면 좋은 습관을 기를 수 있다.

누구에게나 좋은 습관도 있고 나쁜 습관도 있다. 좋은 습관은 더 좋게 길들여야 한다. 좋으면 좋을수록 더 큰 유익함으로 돌아오기 때문이다. 그러나 나쁜 습관은 반드시 고쳐야 한다. 나쁜 습관을 고치면 좋은 습관이 되어 자신을 도와주는 인생의 빛이 되어줄 것이다.

　한 가지 당부할 게 있다. 이 책을 읽고 반드시 성의를 갖고 실천하기 바란다. 그러면 자신의 꿈을 이루는 데 큰 힘이 되어줄 것이다. 여러분 모두가 꿈을 이루고 행복하게 살아가길 기원한다.

김옥림

차 례

배려하는
마음을 기르자

목표를 정했으면
독하게 실천하자

Chapter
03

반드시 자신만의
색깔을 갖자

Chapter
04

누군가에게 의미 있는
인생이 되자

Chapter 01

배려하는 마음을 기르자

배려하는 마음이 깊어질수록 자신의 삶도 그만큼 깊어지는 것이다. 상대방을 비판하면 그 비판으로 인해 자신에게나 상대방에게 쓰디쓴 상처만 남기게 된다.

1

닳고 싶은 인물
따라 하기

책이나 인생에서 보다 훌륭했던 사람들의 발자취를 살피고,
그들이 무엇을 숭배하고 무엇을 소중히 했던가를 배우라!
사람은 첫째 무엇을 숭배하고 존경하느냐에 따라 인품이 결정된다.
윌리엄 M. 대커리

자신이 닳고 싶은 인물 정하기

성공적인 삶을 살고 싶다면, 자신이 추구하는 것과 같은 길을 성공적으로 걸어갔거나 걷고 있는 사람들의 행동을 따라 하는 실천적 의지가 필요하다.

닳고 싶은 인물을 따라서 해보는 것처럼 분명하고 확실한 스승은 없다. 왜냐하면 그들의 삶은 이미 오랜 시간 속에서 검증된 것이기 때문이다. 성공적인 삶으로 검증됐다는 것은 그들의 삶을 배워도 전혀 문제가 되지 않음을 의미한다. 그러한 삶을 잘 따라 하다 보면 자기도

모르는 사이에 그들과 같은 길에 서 있는 자신을 발견하게 된다.

고전주의 음악의 대가이며 악성이라 칭송받는 베토벤은 귀가 먼 가운데도 교향곡의 진수라고 일컬어지는 9번 교향곡 〈합창〉을 작곡했다. 이런 그를 존경하고 닮기 위해 노력했던 음악가가 있었다. 바로 가곡의 왕으로 칭송받는 슈베르트다. 슈베르트는 많은 음악가들 중에서 베토벤을 가장 존경하고 닮기를 원했다.

또 소크라테스를 닮길 원했던 플라톤은 소크라테스에 버금가는 철학자가 되었다. 이렇듯 성공적인 생을 살다 간 수많은 선각자들이나 위대한 인물들은 하나같이 자신이 닮고 싶었던 인물들의 행동을 따라했고, 그 결과 자신이 존경하던 인물보다 더 성공적인 삶을 살았거나 지금도 살고 있다.

닮고 싶은 인물의 삶을 따라서 해보자

42대 대통령으로 재선까지 성공했던 빌 클린턴. 그가 대통령이 되겠다는 꿈을 가진 것은 고등학교 시절 존 F. 케네디 대통령을 만나고부터였다. 그 당시 케네디 대통령은 40대의 젊은 대통령으로, 전 미국인의 전폭적인 지지와 인기를 한 몸에 받으며 정치인으로서 절정을 구가하고 있었다.

그는 언제 어디서나, 누구를 만나든 간에 늘 당당하고 활기가 넘쳤다. 그에게는 에너지가 있었고 "나의 사전에는 불가능이란 없다"라고 말한 나폴레옹과 같은 굳은 신념과 의지가 있었다. 그런 케네디 대통령의 당당하고 멋있는 모습은, 청소년들은 물론 대학생이나 일반인들에게도 대단히 매력적이었다.

미국에는 전국에서 뽑힌 우수한 학생들에게 대통령 표창장을 수여하는 제도가 있다. 클린턴은 바로 이 시상식 자리에서 그의 우상인 케네디 대통령과 만나는 영광을 누리게 되었던 것이다.

10대의 클린턴은 케네디 대통령을 만난 이후 미래에 대통령이 되겠다는 야망을 더욱 강하게 품고 날마다 그의 행동을 따라 하며 닮아가려고 노력했다. 그 결과 클린턴은 케네디처럼 40대의 젊은 나이에 당당하게 대통령에 당선되었고, 게다가 재선에 성공한 몇 안 되는 대통령이 되는 영광까지 누렸다.

꿈은 반드시 이루어진다

자신의 생을 성공적으로 이끌고 싶다면 목표를 설정하라. 그리고 그 목표를 성취하는 데 도움이 될 만한 인물을 정하라. 그 인물이 했던 삶의 발자취를 따라서 자신의 몸과 마음을 다 바쳐 닮아갈 수 있도록 따라 해보라.

    나도 할 수 있다는 신념을 마음에 품어야 한다. 그러면 반드시 자신의 꿈을 이룰 수 있다. 그것이 어떤 꿈이든 꿈을 이루는 것, 그것이 바로 성공이다.

실천마인드 01

존경하는 인물을 닮는 법

- 닮고 싶은 사람의 말 따라 해보기.
- 닮고 싶은 사람의 행동 따라 해보기.
- 닮고 싶은 사람이 좋아했던 것 좋아해보기.
- 닮고 싶은 사람의 이상 공유하기.
- 닮고 싶은 사람의 성공의 요인이 무엇인가를 분석하고 따라 해보기.
- 닮고 싶은 사람의 좋은 습관을 익히기.
- 닮고 싶은 사람의 신념이 무엇인지 알아보기.
- 닮고 싶은 사람의 인생철학 배우기.
- 닮고 싶은 사람이 기울였던 관심사에 대해 연구하기.
- 닮고 싶은 사람을 따라 한 가지씩 실천하기.

2
사소한 일에 소홀하면
큰일에도 소홀하게 된다

자그마한 것이라도 여럿이 모이면 완성을 가져온다.
그러나 완성은 결코 자그마한 것이 아니다.

미켈란젤로

사소한 일에도 관심을 갖는 자세가 필요하다

대부분의 사람들은 사소한 일에는 관심을 기울이지 않고 무심히 지나친다. 그 이유는 지극히 간단하다. 사소한 일은 대수롭지 않다고 생각하기 때문이다. 이것이 대개의 사람들이 하게 되는 흔한 실수이다.

그러나 역사적으로 성공한 사람이나 현재 성공적으로 살고 있는 사람들을 보면, 그들에게는 한 가지 공통점이 있다. 그것은 바로 지극히 사소한 일조차도 결코 지나침이 없었다는 것이다.

그들은 사소한 일을 통해서 미래를 성공으로 이끄는 삶의 보화를 캐

낼 수 있었다. 말하자면 진흙 속에서 진주를 발견할 줄 알았던 것이다.

사소한 관심은 성공의 씨앗이다

미국 민주당 당수와 우정장관을 지낸 짐 파레이. 그는 가난한 집안의 장남으로 태어나 열 살 때부터 벽돌 공장에서 일을 해야 했다. 그는 너무도 가난해서 교육도 제대로 받을 수 없었다.

하지만 그에게는 한 가지 비상한 재주가 있었다. 그것은 사람들이 자신에게 반하도록 하는 능력이었다. 그는 한 번이라도 만난 적 있는 사람의 이름은 절대로 잊지 않고 기억했던 것이다.

그는 성장한 후 정치계에서 활약하게 되었고, 많은 사람들이 기억하는 사람이 되었다. 그는 고등학교 문턱에도 가보지 못했지만, 46세가 되기 전에 네 개의 대학으로부터 명예 학위를 받았다. 그가 이렇게 성공적인 삶을 살 수 있었던 것은 어떤 사람도 소홀히 대하지 않았던 그의 성품에 있었다.

성공학 강의로 유명한 데일 카네기와 있었던 유명한 일화가 있다. 데일 카네기가 짐 파레이에게 이렇게 말했다.

"나는 당신이 1만 명이나 되는 사람들의 이름을 기억하고 있다고 봅니다."

그러자 그는 이렇게 대답했다.

"아닙니다. 나는 5만 명에 달하는 사람들의 이름을 기억하고 있습니다."

그의 이런 능력은 프랭클린 D. 루스벨트를 백악관 주인이 되게 하는 데 결정적인 기여를 했다. 그는 선거 유세 동안 만난 사람들의 이름을 기억하고 일일이 편지를 보내 지지를 부탁했다고 한다. 또한 그는 사람들을 만나는 동안 지극히 소박한 이야기를 나누며 순수한 삶의 소유자라는 인상을 강하게 심어주었다.

이런 사소한 일을 통해 그는 자신을 성공한 인물의 반열에 올려놓은 것이다.

작은 것을 소중히 여기는 마음

강철왕 앤드루 카네기 역시 사소한 일에 지극한 관심을 보여 성공한 대표적인 경우이다.

그는 강철왕이라 불리지만 강철 제조에 대해서는 거의 아는 것이 없었다고 한다. 강철에 대해 잘 아는 사람을 고용했을 뿐이다. 그리고 그들을 다룰 줄 알았다.

그는 조직의 명수였고, 리더십이 매우 탁월했다. 카네기는 열 살 때 이미 사람의 이름이라는 사소한 것도 매우 중요하다는 사실을 알았다고 한다. 거기에 대한 유명한 일화가 있다.

카네기는 어린 시절 스코틀랜드에 살 때 토끼를 한 마리 키우게 되었다. 그런데 새끼 토끼들이 많이 태어나자 먹이를 주는 일이 쉽지 않았다. 어린 카네기는 한 가지 아이디어를 생각해냈다. 친구들에게 클로버나 민들레 같은 토끼 먹이를 가져오면, 새끼 토끼들에게 그들의 이름을 붙여주겠다고 했던 것이다. 이 계획은 굉장한 효과가 있었다. 아이들은 자기 이름이 붙은 토끼에게 더욱 애정이 가서 앞다투어 토끼 먹이를 구해 왔다.

카네기는 성장하여 강철 회사를 차렸다. 그는 자기가 만난 사람들이나, 심지어는 자기 회사의 노동자들의 이름을 부르면서 인사하는 것을 자랑스럽게 생각했다고 한다. 경영주가 일개 노동자의 이름을 불러주며 인사를 하는데 감동하지 않을 사람은 없을 것이다. 그것이 그의 성공 비결이었다.

나폴레옹 대제의 조카이며, 프랑스 황제인 나폴레옹 3세도 같은 경우였다. 그는 황제의 수많은 업무에도 불구하고 만나는 사람들의 이름을 다 기억했다고 한다.

이름을 기억하는 그만의 방법은 아주 간단했다. 만일 상대방의 이름을 분명하게 듣지 못했을 경우에는 "미안합니다. 당신 이름을 분명히 듣지 못했습니다"라고 말하고, 이름이 특이한 경우에는 "당신의 이름을 이렇게 씁니까?"라고 물으며 상대방의 이름을 외웠다고 한다. 만일 상대방이 더욱 중요한 인물일 때는 좀 더 노력하여 그 이름을 꼭 기억했다. 그의 이런 진지한 태도는 많은 사람들에게 자신의 존재를 확실하게 각인시켰다.

사소한 일에 관심을 가짐으로써 성공적인 생애를 살다 간 사람들은 참으로 많다. 뉴턴이나 에디슨, 스티븐슨 같은 과학자들은 물론 하이든, 바흐 같은 음악가, 로댕, 마티스, 샤갈과 같은 미술가 역시 사소한 소재에서 수많은 발명품을 발명하고, 주옥같은 음악과 불후의 명작을 남겼다.

작은 일에도 전력을 다하자

사람들은 어떻게 하면 성공할 수 있을지 그 비결만 알고자 한다. 그러나 성공의 방법도 비결도 알 필요는 없다. 성공의 비결이 따로 있는 것은 아니다. 만약 비결이 있다면 그것은 멀리서 찾을 것도 없이 당신의 손이 닿는 곳에 있다. 당신의 하는 일이 비록 별 볼일 없는 조그만 일일지라도 전력을 다하라! 성공으로 향하는 길은 당신의 의무와 당신이 할 수 있는 일 속에 있다. 모든 성공한 사람들은 자신이 할 수 있는 일들을 게을리 하지 않고 꾸준히 해나간 사람들이다 미국의 백화점 왕 워너메이커가 한 말이다.

그렇다. 대개의 사람들은 사소한 일들은 무시하며 소홀히 하거나 아예 관심을 기울이지 않는다. 그러다 보니 그 속에 들어 있는 수많은 가능성을 살펴볼 수 있는 기회를 그대로 흘려버리고 만다.

진실로 성공적이고 풍요로운 인생의 주인공이 되어 누구에게나 주목받는 사람이 되고 싶다면, 지금부터라도 작고 보잘것없는 사소한 일에 더욱 주목하라. 그 작은 일에 자신의 미래를 바꾸어놓을 진주 같은 비전이 숨어 있음을 항상 기억하라.

세상은 진정으로 작은 일까지 열심인 사람을 결코 외면하지 않는다. 그리고 세상은 그런 사람들에게 성공의 가능성을 열어준다는 사실을 잊지 말아야 한다.

작은 일을 사랑하라. 그리고 꾸준히 그 일에 정진하라. 그것이 바로 성공으로 가는 가장 확실한 비결이다.

실천마인드 02
작은 일에 관심을 갖는 법

- 그 어떤 일도 처음에는 작은 것에서 시작했다는 사실을 생각하자.
- 점보 비행기나 타이타닉 같은 배도 뜯어보면 각각 하나의 작은 부품
  들이 모여 이루어졌다는 사실을 항상 상기하자.
- '천 리 길도 한 걸음부터'라는 말을 가슴에 새겨 작은 일을 행할 때
  결코 소홀히 넘기지 말자.
- 나 아닌 다른 사람도 소중하다는 사실을 기억하자.
- 작은 것을 업신여기면 큰일도 소홀하게 된다는 점을 기억하자.
- 작은 일에도 감사하는 마음을 갖자.
- 작은 일일수록 더욱 최선을 다하자.
- 희망을 품고 있는 씨앗은 모두 다 작다. 작은 것은 희망의 씨앗이라
  여기자.
- 하찮은 일이라고 무시하는 마음을 경계하자. 하찮은 일조차 잘 해내
  지 못하는 사람은 큰일도 해내지 못한다.
- 가진 것이 적다고 부끄러워하지 말자. '티끌 모아 태산'이라는 말을
  기억하자.

3
이기는 법만 배우지 말고
지는 법도 배우자

나는 항상 젊은 사람들의 실패를 흥미를 가지고 바라본다.
젊은 시절의 실패는 곧 성공의 토대가 된다. 젊은 사람 앞에는,
실패를 하고 나서 그대로 물러서든가 아니면 다시 일어서든가 하
는 두 가지의 길이 있는데, 이 순간에 그의 인생은 결정되는 것이다.

폰 몰트게

이기는 법에만 익숙해지면 배려와 양보를 배울 수 없다

현대는 치열한 경쟁 시대이다. 경쟁 시대에서 살아남기 위해 현대인들
의 머릿속에는 남을 이기기 위한 온갖 생각들로 가득 차 있다. 내가 살아
남기 위해서는 나 이외의 경쟁자를 이기지 않으면 안 되기 때문이다.

그렇다 보니 사람들은 이기는 일에 목숨을 건다. 이긴다는 말은 기
분 좋고 능동적이고 긍정적이다. 그러나 그 말 속에는 무서운 독이 들
어 있다는 것을 알아야 한다. 남을 이기기 위해서는 이기는 방법에 익
숙해져야 하는데, 문제는 이기는 법에 익숙해지다 보면 남을 배려하

고 양보하는 일엔 서툴러지게 마련이라는 점이다.

　이런 사람은 지는 법을 모르게 된다. 남에게 지면 금방이라도 죽을 것 같은 얼굴을 하고 안절부절못한다. 이는 지는 법에 익숙하지 않기 때문이다.

승리 앞에 겸손하고, 지는 법에 익숙해지자

　미국의 불세출의 복서 무하마드 알리. 그는 헤비급 세계 챔피언의 역사를 새로 쓴 선수로, 지금도 세계 복싱 역사의 살아 있는 전설이다. "나비처럼 날아서 벌처럼 쏜다"라는 유명한 말을 남긴 달변가이기도 하다.

　알리 역시 패배를 모르고 전성기를 맘껏 누렸다. 그리고 자신의 실력을 과신하며 경쟁자들을 자신의 눈 아래로 두고 업신여겼다. 그러던 중 그는 독한 경쟁 상대를 만나게 되었다. 조 프레이저라는 선수였다. 알리보다 키도 작고 체격도 왜소했지만 근성만큼은 아주 대단했다. 그러나 알리는 특유의 언변으로 프레이저를 맘껏 조롱하며 무시했다.

　이를 갈며 링에 오른 프레이저는 알리의 현란한 테크닉에 고전해야만 했다. 그러나 그는 끝까지 알리의 허점을 살폈고, 결국 완벽한 선수인 알리에게도 허점이 발견되었다. 프레이저는 이 틈을 놓치지 않고 있는 힘껏 펀치를 날렸다. 그 순간 "쿵!" 하는 소리와 함께 천하무적 무하마드 알리가 링 위에 쓰러졌다. 기적이 일어난 것이다.

수많은 관중들은 자신의 눈을 의심했다. 그러나 그것은 현실이었다. 심판이 카운트를 세는 동안 간신히 일어난 알리는 끈질기게 버티며 기회를 잡으려고 최선을 다했지만 역부족이었다. 완벽한 판정패였다. 새로운 권투 영웅이 탄생한 것이다.

그후 알리는 진다는 것이 얼마나 가슴 아픈 일인지 뼈아픈 교훈을 얻었다. 그리고 그간 자신이 승리에 취해 있는 동안 자신에게 패한 많은 선수들의 슬픔과 분노가 어떠했는지를 뼈저리게 느끼게 되었다. 그는 깊은 고통과 후회를 통해 지는 법을 알았던 것이다.

알리는 그때부터 겸손한 마음과 한층 성숙해진 자세로 모든 시합에 임했다. 그 결과 그는 세 번이나 헤비급 세계 복싱 챔피언 자리에 오르는 영광을 누리게 되었다. 또 파킨슨병을 앓고 있는 지금도 미국 국민들로부터 사랑과 존경을 받고 있다. 그는 지는 법을 배움으로써 진정한 인생의 승리자가 된 것이다.

패배에 무릎 꿇지 않으려면

무하마드 알리만큼은 아니지만 헤비급 세계 복싱 역사에 한 획을 그은 선수가 있다. 바로 마이크 타이슨이다. 그는 스물을 갓 넘긴 나이에 핵주먹이라는 찬사를 받으며 화려하게 챔피언 자리에 올랐다. 그리고 핵주먹답게 도전자들을 겨우 1, 2회전 만에 링 위에 쓰러뜨렸다. 그 당시 그를 이길 만한 선수는 없었다.

그러자 그의 삶은 흐트러졌다. 그는 안하무인으로 사람들을 함부로 대해 원성을 샀으며 성폭행을 저지르고 폭력을 휘둘러 여러 차례 교도소를 들락거렸다. 그리고 교도소에서 나온 타이슨은 무명의 도전자에게 어이없이 KO패를 당하며 무너져 내렸다.

그는 이를 악물고 재기를 꿈꾸며 챔피언 자리를 다시 노렸지만, 예전과 달리 그의 기량은 쇠퇴해 있었다. 챔피언 홀리필드에게 도전장을 내밀었지만 헛손질만 해대며 그로기 상태에 빠지자, 결국 홀리필드의 귀를 물어뜯는 추태를 보이며 망신스러운 반칙패를 당했다. 그 후 그는 마음을 잡지 못하고 방황하며 삶을 낭비하는 일에 빠졌다. 그렇게 마이크 타이슨의 시대는 막을 내리고 말았다.

그 역시 이기는 법만 알았지 지는 법을 몰랐던 것이다. 그가 지는 법을 알았더라면 그렇게 인생의 패배자가 되지는 않았을 것이다.

여기서 분명히 짚고 넘어가야 할 점이 있다. 무하마드 알리와 마이크 타이슨은 똑같은 패배를 경험했지만, 패배 뒤에 그들의 마음 자세와 행동이 너무도 대조적이었다는 점이다. 지는 법을 알게 된 무하마드 알리는 겸허한 자세로 자신을 일으켜 세워 성공적인 길을 걸어갔다. 그러나 마이크 타이슨은 불만과 불평으로 일관하며 방황과 갈등에 싸여 끝내 재기하지 못하고 불명예 퇴진을 하고 말았다.

일보 전진을 위해 이보 후퇴하는 지혜

이런 경우가 어디 권투뿐이겠는가. 정치든 사업이든 공부든 예술이든 모든 분야에 적용되는 일인 것이다.

우리는 누구나 승리자가 되길 원한다. 이기는 것은 분명 기분 좋은 일이다. 이기는 법만 배우면 모든 일이 다 잘되리라 생각된다. 그러나 실제로는 결코 그렇지 않다. 인생은 단거리 경주가 아니기 때문이다. 삶의 길을 가다 보면 기쁨의 숲도 만나게 되고 슬픔의 강을 건너기도 한다. 그런데 이기는 법만 아는 사람은 실패라는 고통의 바다를 만나면 방황하게 된다. 왜냐하면 지는 법을 몰라, 어떻게 위기를 헤쳐 나가야 할지 모르기 때문이다.

성숙한 모습으로 인생을 보다 잘 살아가기 위해서는 지는 법도 알아야 한다. 일보 전진을 위해 이보 후퇴한다는 말이 있듯, 지혜로운 자들은 지는 법을 먼저 안다. 사람들이 흔히 하는 말 중에 "지는 게 이기는 것이다"라는 말이 있다. 여기서 진다는 것의 의미는 이기기 위한

배려하는
마음을 기르자

현명한 전략임을 알아야 한다.

　진정 의미 있는 인생을 살길 원한다면, 이기는 법보다 먼저 양보하고 지는 법을 익혀라. 그리고 나서 이기는 법을 배워도 될 만큼 인생은 충분히 길다. 이제 인생을 배워가기 시작하는 10대들은 특히나 지는 것을 결코 두려워하지 말고, 슬기롭고 지혜로운 자세로 자신의 인생을 풍요롭게 열어가는 삶의 승리자가 되어야 한다.

실천마인드 03
지는 법은 승리를 위한 또 다른 비결

• 한 번 지는 것이 영원히 지는 것은 아님을 기억하자.

• "패배는 성공의 어머니"란 말을 잊지 말자.

• 모든 성공 뒤엔 쓰디쓴 패배가 있었음을 기억하자.

• 사람은 누구나 패배를 경험한다. 한 번도 패배해보지 않은 사람은 그 어디에도 없음을 기억하라.

• 무하마드 알리가 세기의 복서가 된 것은 패배를 겸손히 인정하고 노력했기 때문이다.

• 지는 것은 인생의 무덤이 아니라 더 큰 행복으로 가는 지혜를 배우는 과정이다.

• 패배를 나쁜 친구로 여기지 마라. 나쁜 친구에게서도 배울 점을 찾을 수 있듯이 패배는 성공적인 인생을 살아갈 수 있는 버팀목이요, 무기가 될 수 있음을 기억하자.

- 사람들이 흔히 하는 착각 중 하나가 한 번도 패배하지 않는 삶을 사는 것이 가장 이상적인 삶이라고 생각하는 것이다. 그러나 그것은 위험한 생각이다. 패배를 되풀이하지 않을 수 있는 것은 그 경험에서 해답을 배우기 때문이다.

- 지는 것을 부끄럽게만 생각하는 것은 성장할 수 있는 가장 좋은 기회를 놓치는 것이다.

- 세상에서 가장 비참한 패배는 자기 자신에게 지는 것임을 알아야 한다. 자기에게 지는 것은 모두에게 지는 것과 마찬가지이다. 역사는 그것을 가장 확실하고 분명하게 우리에게 가르쳐준다. 자기를 극복하는 자가 삶을 성공으로 이끈다는 사실을 꼭 기억하자.

4
시간을 헛되이 하는 것처럼
멍청한 짓은 없다

짧은 인생은 시간의 낭비에 의해서 더욱 짧아진다.
사무엘 존슨

지혜로운 사람은 시간을 황금같이 여긴다

"그날그날이 너에게 있어서 최후의 날이라고 생각하라. 그렇게 하면 뜻하지 않은 오늘을 얻는 기쁨을 갖게 될 것이다."

이는 고대 로마 시인 호라티우스의 말로, 시간의 중요성을 간단명료하게 잘 표현한 명언이다.

시간이란 흐르는 강물과 같다. 한 번 흘러간 강물은 되돌아 흐르지 않는다. 시간 역시 한 번 지나가버리면 두 번 다시 돌아오지 않는다.

지혜로운 사람들은 시간을 잘 활용하지만 어리석은 사람들은 시간을 돌같이 여긴다. 성공적인 삶을 살았거나 살고 있는 사람들은 하나 같이 시간을 잘 활용하였다. 그들은 하루 24시간을 48시간으로 활용할 줄 아는 부지런함과 지혜를 지닌 사람들이었다.

"시간은 금이다"라는 말이 있듯 시간이란 그 무엇보다도 소중하다. 억만금을 주고도 살 수 없는 것이 시간이다. 그러나 대다수의 사람들은 시간의 소중함을 잊고 살아간다. 이것이 보통 사람들이 그 이상으로 올라가지 못하는 이유인 것이다. 시간의 활용 여부에 따라 삶은 그 색깔을 달리한다.

로마의 황제 아우렐리우스 또한 "시간이란, 모든 피창조물로서는 거역할 수 없는 도도히 흐르는 강물과 같다. 그 어떤 것이든 눈에 띄자마자 곧 흘러가버리고 다른 것이 그 자리를 메운다. 그러나 그것 역시 곧 흘러가버린다"라고 말했다. 오늘을 살고 있고 미래를 향해 나아가는 청소년들이라면 마음 깊이 새겨야 할 말이다.

'오늘'은 아주 중요하다. 오늘은 현재이며 그것이 지나가버리면 과거가 되고 만다. 우리는 날마다 오늘이란 새로운 날을 맞게 된다. 그날 그날이 바로 오늘인 것이다. 따라서 사람들은 너나 할 것 없이 오늘이란 테두리 속에서 살며, 그 테두리를 떠나서도 안 된다.

오늘이란 현재를 최대한 활용하자

어떤 청년이 있었다. 그는 한 권의 책을 읽던 중 매우 흥미로운 스물한 마디의 말에 주목하게 되었다. 그는 당시 몬트리올 제너럴 병원의 의학도였다. 그는, '졸업 시험에 통과할 수 있을까? 만약 통과를 하면 무엇을 해야 할까? 어디로 가야 할까? 어떻게 하면 개업을 할 수 있을까?'를 심각하게 고민하고 있었다. 그때 이 젊은 의학도가 읽은 스물한 마디의 말은 그를 최고의 의사가 될 수 있도록 하였다.

후에 그는 세계적으로 유명한 존스 홉킨스 의과대학을 설립하였고, 영국 의사로서 최대의 영예인 옥스퍼드 대학의 명예 교수가 되었다. 또한 영국 왕으로부터 훈공자로 임명되었고, 그가 세상을 떠났을 때에는 1,500쪽에 이르는 두 권의 전기가 발간되었다. 그가 바로 윌리엄 오슬러 경이다.

1871년에 그가 읽은 스물한 마디란, 칼라일이 주장한 "우리들의 중요한 임무는 멀리 있는 희미한 것이 아니라, 가까이 있는 분명한 것을 실천하는 것이다"라는 말이었다. 그후 42년이 지난 어느 날, 그는 예일 대학 학생들에게 연설을 했다.

"나는 네 개 대학의 교수가 되고, 평이 좋은 책을 썼다고 해서 특별한 두뇌의 소유자로 알려져 있는데 실은 그렇지 않습니다. 내 친구들은 내가 정말 평범한 두뇌의 소유자에 불과하다는 것을 잘 알고 있습니다."

그의 성공의 비결은 바로 '오늘'이란 현재를 산 것뿐이었다.

지난 일은 닫아버리고 오늘을 살자

윌리엄 오슬러는 예일 대학에서 연설하기 2~3개월 전에 큰 기선을 타고 대서양을 건넜다. 그 배는 선장이 단추 하나만 누르면 금방 배의 각 부분이 닫혀 방수실이 되는 최신의 정기선이었다. 그는 예일 대학 학생들에게 이 이야기를 했다.

여러분은 이 정기선보다도 훨씬 짜임새 있는 조직이며, 더욱 긴 항해를 할 것입니다. 내가 권하고 싶은 것은 여러분이 안전하게 항해를 하기 위해서, 반드시 오늘이라는 원칙을 갖고 살아갈 수 있도록 기계를 조종하는 방법을 배우라는 것입니다.

배다리선교에 올라가보면, 정연하게 커다란 칸막이가 되어 있는 것을 볼 수 있을 겁니다. 단추 하나를 눌러보세요. 여러분 인생의 모든 평면에서 과거를 닫아버리고, 죽은 어제를 닫아버리는 철문 소리가 들릴 것입니다. 그러면 또 하나의 단추를 눌러보세요. 그것은 미래, 아직 생겨나지 않은 내일을 금속 커튼으로 닫아버릴 것입니다.

여러분에게 있어서 가장 안전한 것이야말로 오늘입니다. 과거를 닫아버리세요. 과거로 하여금 과거를 매장하게 하세요. 어리석은 자들에게 더러운 죽음에의 길을 비춘 어제를 닫아버려요. 어제의 길은 가장 강한 사람까지도 넘어지게 합니다.

미래도 과거와 마찬가지로 단단히 닫아버리세요. 문제는 오늘이지 내일이 아닙니다. 인간을 구하는 것은 바로 오늘입니다. 정력의 낭비, 정신적 고뇌, 고민은 앞날에 대해 끙끙 앓는 사람들의 발치에 따라다니게 마련입니다. 그러므로 앞뒤의 큰 칸막이를 닫아버리고, 완전히 오늘이라는 한정된 생활 습관을 몸에 붙이도록 유의해야 합니다.

윌리엄 오슬러의 말은 오늘을 잘 활용하라는 의미이다. 오늘이란 가장 중요한 현재의 시간이다.

오늘은 단 하루뿐이다

단테는 "오늘이라는 날은 두 번 다시 돌아오지 않는다는 것을 잊지말라"고 말했다. 옳은 말이다. 더구나 요즘 같은 초스피드 시대에는 자칫 잘못하다가는 게으름으로 인해 자신에게 다가오는 아름답고 소중한 기회를 송두리째 놓쳐버릴 수 있음을 알아야 한다.

이런 관점에서 볼 때 시간을 낭비하는 것은 시간에 대한 예의에 대단히 어긋나는 행위이다. 자신에게 주어진 지상에서의 시간을 멋지게 보내고 싶다면 시간을 자신의 목숨처럼 사랑하라. 그것이 자신의 인생에게 가장 부끄럽지 않을 수 있는 비결이다.

실천마인드 04
시간을 잘 쓰는 방법

- 시간을 금같이 여기는 마음을 갖자.
- 한 번 흘러간 시간은 다시는 되돌아오지 않는다. 단 1초라도 아끼는 마음을 가져라.
- 하루를 24시간이 아니라 48시간처럼 여기고 쪼개어 쓰자.
- 시간을 잘 써서 성공한 이들의 삶을 따라 해보자.
- 자신에게 주어진 시간은 자신만의 것이 아니라 모두의 것이라고 여기는 마음을 가져라. 그러면 시간의 중요성을 더욱 느끼게 될 것이다.
- 하루를 1년같이, 1년을 10년같이, 10년을 100년같이 생각하자.
- 한 시간 늦게 자고 한 시간 더 빨리 일어나자.
- 자신이 해야 할 일을 메모하고 수시로 체크하여 시간을 낭비하는 일이 없도록 하라.
- 물방울이 모여 바다가 되듯 짧은 시간의 허비가 인생 전체를 헛되게 한다. 자투리 시간에도 할 수 있는 일을 찾아보자.
- 헛된 삶은 시간을 우습게 여기는 데서 비롯된다. 세상에서 가장 중요한 것 중 하나가 바로 '시간'이란 신의 선물임을 믿자.

5

성공은 실패를 딛고 온다,
실패를 두려워해선 안 된다

실패했다고 해서 스스로를 괴롭히지 말라. 한 가지 실패를
자꾸 괴로워하는 것은 다음 일도 실패로 이끄는 원인이 된다.
한 가지의 실패는 그것으로 막을 내리는 것이 중요하다.
이런 자책은 체념이 부족한 까닭이다. 이런 자기 학대 감정은
자기만 다치게 하는 것이 아니라 다른 사람들도 다치게 한다.

B. A. W. 러셀

실패를 두려워하지 말자

실패란 말은 유쾌하지 않은 기분에 젖게 만든다. 그것은 실패가 패배를 뜻하기 때문이다.

이 세상 그 누구도 패배를 좋아하지 않을 것이다. 그래서 패배란 말을 입에 올리기조차 꺼린다. 그러나 사람이 살아가면서 어찌 매번 성공만 하는 삶을 살 수 있을까. 사실 어떤 일을 할 때 성공하는 경우보다는 실패하는 경우가 더 많다. 다만 거듭된 실패에도 불구하고 꾸준히 노력한 끝에 이룬 성공의 깃발이 드높이 펄럭이는 까닭에, 수많은

실패는 뒷전으로 가려지고 밀려나 잘 보이지 않을 뿐이다.

많은 사람들이 하는 실수 중 가장 보편적인 것은 바로 남이 이룬 성과에 대해 부러워하며 깊은 생각 없이 무작정 따라 하는 감정적인 행동이다. 이런 감정적 발상이나 따라하기는 오래가지 않아 흐지부지해지고 만다. 왜냐하면 감정적인 생각에서 따라 하는 것은 그 감정이 식으면 곧 그 일에서 벗어나고 싶게 만들기 때문이다. 이것이 성공적인 성과 뒤에 숨어 있는 함정임을 알아야 한다.

그러므로 아무리 세계를 뒤흔들 만한 성과가 있다고 해도 그 과정엔 수많은 실패가 있음을 기억해야 한다. 그렇기 때문에 자신이 어떤 일을 진짜 하고자 할 때는 절대로 실패를 두려워하거나 겁을 내서는 안 된다.

실패의 경험을 성공으로 이끄는 자세

포드사 사장이었던 리 아이아코카는 이탈리아 이민 가정에서 태어나 공부를 마치고 최고의 자동차 회사인 포드에 입사했다. 그는 명철한 두뇌와 부지런하고 성실한 자세로 경영진의 눈에 띄어 초고속 승진을 거듭하는 기록을 세운 끝에, 마침내 사장 자리에 올랐다.

으리으리한 사장실과 그에 따른 예우는 상상을 초월할 정도로 호화

스러웠고, 마치 황제가 된 듯 그를 황홀하게 했다. 그러나 사장으로 재직한 지 8년 만에 그는 경영주인 헨리 포드에게 해고를 통보받고 비참하게 쫓겨났다.

'아, 이것이 나의 현실이란 말인가. 오, 이럴 수가! 어떻게 나에게 이런 일이 있을 수 있단 말인가.'

그는 순간 절망감에 사로잡혀 이런 생각을 했지만 그것은 아주 잠깐이었다. 그는 차분하고 냉철하게 현실을 직시했다. 그러자 심한 배신감에서 끓어오르던 분노가 서서히 가라앉았다. 그는 이를 악물고 재기를 꿈꾸기 시작했다.

푸시킨은 "실패에는 영웅이 없는 법이다. 사람은 누구나 실패 앞에선 보통 사람일 뿐이다"라고 말했다. 아이아코카는 푸시킨의 말처럼 자신이 신이 아니라 보통 사람일 뿐이라는 것을 인정했다. 분명 그는 당시 미국 기업에서는 영웅 같은 존재였지만, 그는 현명하게도 자신의 현재 입장을 재빨리 알아차린 것이다.

기회를 엿보던 그에게 드디어 재기할 수 있는 기회가 찾아왔다. 또 다른 자동차 회사인 크라이슬러에서 그를 최고경영자로 초빙한 것이다. 그 당시 크라이슬러는 심한 경영난으로 파산 직전의 위기에 처해, 마치 바람 앞의 등불같이 위태로웠다. 그러나 아이아코카는 기꺼이 제의를 받아들여 크라이슬러의 새로운 사장이 되었다.

많은 사람들은 수군거렸다. 포드에게 해고를 당하더니 이상하게 변한 모양이라고. 그러나 그는 현명한 사람이었고 분명하고 냉철한 두뇌의 소유자였다. 그는 사람들의 비웃음을 뒤로 하고 크라이슬러의 문제점이 무엇인가를 곰곰이 생각했다.

크라이슬러의 문제점은 첫째, 질서와 규율이 없다는 것, 둘째, 여비서가 자신의 전용 전화를 갖고 개인적인 잡담으로 많은 시간을 보내고 있다는 것, 셋째, 부사장이 무려 서른다섯 명이나 되는데 서로 간의 업무 교류도 없고 의견을 교환하는 회합도 없다는 것이었다. 그리고 넷째로, 재정을 관리하는 전체 조직이 없어서 재정 관리가 안 된다는 사실을 발견했다.

아이아코카는 드러난 문제점들을 하나씩 해결해나간 끝에 드디어 파산 직전의 회사를 구해내고, 은행으로부터 신용을 회복하게 되었다. 그는 12억 달러나 되는 대부금을 단시일 안에 은행에 상환하는 수완을 발휘했다. 그리고 크라이슬러에 부임한 첫해에 41만 8,812대의 판매 대수를 기록한 무스탕 승용차를 개발하는 성과를 이루며, 미국 자동차 산업계에 회오리바람을 일으켰다. 그는 미국 전 언론에 자신의 화려한 재기를 분명하게 각인시키고 성공 신화의 제2막을 멋지게 시작하였다.

실패의 경험을 지혜로 활용하자

그가 이렇게까지 재기에 성공할 수 있었던 비결이 무엇인지 우리는 냉정하게 살펴봐야 한다. 그의 성공 비결로는 다음의 다섯 가지를 꼽을 수 있다.

첫째, 실패를 전혀 두려워하지 않았다.

둘째, 끊임없이 새로운 아이디어를 발굴해냈다.

셋째, 문제가 있는 것은 과감하게 개선하였다.

넷째, 자신에게 아무리 불리한 것이라 할지라도 냉정한 판단력으로 극복하는 자세를 잃지 않았다.

다섯째, 재정 관리를 효율적이고 능동적으로 처리했다.

이 밖에도 그는 성실함과 친근한 언행으로 자신의 길을 걸어갔다.

실패를 두려워하지 않았던 사람이 어디 아이아코카뿐이겠는가. 역사의 흐름을 타고 자신의 이름을 후세에 남기거나 현재 살고 있는 인생의 승리자들은 한결같이 수많은 실패를 거듭한 끝에 자신의 업적을 이루었다.

인생이란 그 누구에게나 단 한 번뿐이다. 그 인생을 아름답게 사느냐 비참하게 사느냐는 결국 그 자신에게 달려 있음을 기억하라. 그리고 "실패는 낙담의 원인이 아니라 신선한 자극이다"라는 토머스 사우전의 말을 늘 가슴에 품고 행동하기 바란다.

실천마인드 05
실패를 두려워하지 않는 법

- 실패는 누구나 한다. 인류에 커다란 금자탑을 쌓은 성인도 수많은 실패를 했다. 실패를 통해 성공적인 업적을 이룬 것을 기억하며 실패를 자연스럽게 받아들이자.
- 실패 없는 성공이란 없음을 믿어라.
- 실패는 실패를 두려워하는 자를 업신여긴다는 사실을 기억하라.
- 실패를 가까이 하는 마음을 가져라. 실패를 친구처럼 여길 때 더 많은 지혜를 구할 수 있는 법이다.
- 오늘날의 인류는 실패를 극복하고 당당하게 선 선조들의 후세임을 믿어라.
- 성공을 원하는가? 그러면 먼저 실패를 극복하는 자세를 배우자.
- "실패야, 나는 너를 두려워하지 않는다"라고 매일 스무 번씩 외쳐라.
- 실패를 딛고 일어선 사람들의 삶을 배워라.
- 나는 그 어떤 실패도 극복할 수 있다는 확고한 신념을 갖자.
- 실패의 또 다른 말은 성공임을 믿자.

배려하는
마음을 기르자

6
자신이 하고 싶은 일은
힘들어도 즐겁다

한가해지면 좋아하는 일을 해야지 하는 생각은
좋아하는 일에 대한 실례다.
나카타니 아키히로

자신이 하고 싶은 일은 반드시 해보자

자신이 하고 싶은 일을 하는 것처럼 즐겁고 행복한 일은 없다. 주변 사람들 중에 자신이 하고 싶은 일을 하는 사람들을 보면, 그런 사람들은 활기가 넘친다. 그것은 자신이 하고 싶은 일을 할 때에는 무더운 여름날을 적시는 분수처럼 에너지가 솟구치기 때문이다.

그런데 자신과 맞지 않은 일을 하는 사람들을 보면 별로 생기가 없고 늘 아쉬움에 젖어 지낸다. 마치 무엇에 대해 미련이 많은 그런 얼굴을 하고 말이다. 이런 사람들 대부분은 먹고살기 위해서 어쩔 수 없이 자신이 원하지 않는 일을 하는 경우가 대부분이다. 그렇기 때문에 자신이 하고 싶은 일을 하지 못하는 것에 대해 아쉬움이 크게 작용하는 것이다.

자신이 하고 싶어하는 일을 하는 사람들은, 경우에 따라서는 배가 고프고, 남들이 보기에 고달프고 힘든 길을 가는 것처럼 보일지 몰라도 스스로 그 일을 하며 보람과 긍지와 자부심이 넘치기 때문에 만족하고 즐거워하는 것이다.

자신이 좋아하는 일로 성공한 사람의 삶을 배우자

세계적인 자동차 회사이며 미국의 3대 자동차 회사 중 하나인 크라이슬러사를 설립한 크라이슬러는 원래부터 자동차에 관심이 많았다. 그는 전시회에 진열된 자동차를 처음 본 순간 완전히 그 자동차에 푹 빠져버렸다. 자나 깨나 자동차 생각뿐이었다.

그러나 넉넉지 못한 그의 형편으로는 자동차를 살 엄두는 내지 못했다. 가까스로 대출을 받아 그렇게도 갖고 싶어하던 차를 손에 넣자, 그는 그날부터 창고에서 자동차를 분해하며 자동차 연구에 몰입했다. 뜯고 다시 조립하기를 반복한 끝에 캄캄한 어둠 속에서도 완벽하게 조립을 할 수 있을 정도가 되었다.

01 배려하는
마음을 기르자

자동차의 원리와 구조에 대해 완전히 터득한 그는 빅크 자동차 회사의 지배인으로 초빙되는 행운을 잡는다. 그후 그는 능력과 수완을 발휘하며 빅크사의 발전에 기여했지만, 자신이 직접 자동차 회사를 경영하고 싶은 마음을 버릴 수 없었다.

그는 드디어 회사를 설립하고 자신의 이름을 따 크라이슬러라고 명명하였다. 그리고 그는 혁신적인 기술 개발과 경영 능력을 발휘하여 크라이슬러를 굴지의 자동차 회사로 성장시키는 성공 신화를 이루었다. 후에 그는 자신이 하고 싶은 일을 했기 때문에 일하는 동안 무척 행복했다고 고백했다.

묵묵하게 자기 길을 걸어가는 기쁨을 누리자

국제 NGO 월드비전 긴급 구호 팀장으로 활동하고 있는 한비야. 그녀는 홍보 회사에서 일하다 '걸어서 세계 일주'라는 자신의 목표를 실행하기 위해 과감히 사표를 던졌다. 그리고 자신의 계획을 실천하기 위해 배낭을 둘러메고 가고 싶은 곳을 정해 한발 한발 힘찬 발걸음을 옮겨놓았다.

힘센 남자들조차 감히 엄두를 내지 못하는 세계 오지를, 언제 어느 때 무슨 일이 닥칠지도 모르는 위험천만한 곳을 거침없이 누비는 그녀를 보고 놀라지 않을 사람은 없었다. 그녀는 자신이 겪은 여행담을 엮어 《바람의 딸, 걸어서 지구 세 바퀴 반》, 《바람의 딸, 우리 땅에 서다》, 《지구 밖으로 행군하라》 등의 책으로 냈다. 그녀는 자신이 하고 싶은 일을 아낌없이 하고 있다. 참으로 의연하게 삶을 살고 즐길 줄 아는 사람이다.

자신이 하고 싶은 일을 하고 사는 사람들은 그 외에도 많다. 한평생 도자기를 굽는 도예가, 온몸에 옻칠을 해가며 나전칠기를 만드는 장인, 손에 숱한 칼자국을 남기며 죽제품을 만드는 장인, 평생을 쇠붙이를 두드려대며 농기구를 만드는 대장장이, 히트작 하나 내지 못하면서도 영화를 만드는 영화감독 등 우리 사회 곳곳엔 이름도 없이 빛도 없이 남들이 알아주지 않아도 자신만의 일을 위해 최선을 다하는 사람들이 있다. 그들의 초연한 모습은 그 어느 누구보다도 아름답다.

신중하게 선택하여 최선을 다하자

그러나 여기서 한 가지 분명히 짚고 가야 할 게 있다. 그것은 자기가 하고 싶은 일을 하는 데도 용기가 필요하다는 것이다. 왜냐하면 자기가 하고 싶은 일을 주변 사람들이 원하지 않을 수도 있기 때문이다. 가족이나 친구들은 자신의 기준에 맞춰 이야기를 한다. 그런 회유와 제지를 뿌리치고 자기의 길을 간다는 것은 분명 용기 있는 일이다.

그래서 자신이 하고자 하는 일을 할 때는 심사숙고해야 한다. 그냥 한번 해본다는 식은 온당치가 않을 뿐만 아니라, 싫증이 나거나 힘들다고 느낄 땐 그 일을 쉽게 포기하게 된다. 그러므로 이런 일을 겪거나 후회하는 일이 없으려면 몇 번이고 신중하게 생각해서 자신이 할 일을 결정해야 한다.

루소는 "산다는 것은 호흡을 하는 것이 아니라, 무슨 일인가를 하는 것이다"라고 말했다. 자신의 능력을 발휘할 수 있는 최적의 일이라면 주저하지 마라. 자신이 하고 싶은 일은 배가 고파도 즐겁다. 후회 없는 인생이 어디 있으랴만, 그 후회의 폭을 줄일 수 있는 가장 확실한 방법은 자신이 하고 싶은 일을 기쁜 마음으로 기꺼이 하는 것이다.

실천마인드 06

자신이 좋아하는 일을 잘하는 법

- 자신이 좋아하는 일이 비록 힘들어도 꾸준히 하자.
- 자신이 좋아하는 분야의 책을 읽자. 폭넓은 지식과 정보는 자신을 키우는 힘이다.
- 자기가 좋아하는 분야에서 성공한 사람을 배워라. 그들은 인생의 교과서이다.
- 자기와 같은 취미를 가진 친구들과 교류하자. 서로의 장점을 배울 수 있어 큰 도움이 된다.
- 자신이 좋아하는 일에 대한 스승을 모셔라. 스승의 조언과 가르침은 금보다 귀하다.
- 자신을 격려하고 사랑하면 긍정의 에너지가 솟구친다.
- 힘들 때마다 자신이 잘되었을 때를 상상하라. 그러면 힘든 것을 이겨내는 용기가 생긴다.

7
배려하는 마음은
자신의 삶을 따뜻하게 한다

남을 칭찬하면 자신에게 돌아온다.
사람이란 자신을 칭찬하는 사람을 칭찬하고 싶어한다.

버나드 M. 바루크

상대방을 배려하는 마음

사람이 살다 보면 뜻하지 않은 일로 서로 상처를 주고받는 일이 참 많다. 그런 일이 일어나는 까닭은 상대방에 대한 배려가 부족하고 나만 아는 이기주의적인 마음이 사람들 중심에 가득 차 있기 때문이다.

사회학자들은 현대를 자기중심 사회라고 말한다. 자녀들이 많았던 과거에 비해 지금은 각 가정마다 자녀가 한둘이다 보니 지나칠 정도로 과잉보호를 하고, 마치 아이가 집안의 중심인 양 떠받들어 키운다. 이런 환경 속에서 자라니 자기만 아는 아이들이 될 수밖에 없고, 청소년기를 거쳐 성인이 되어서도 별로 달라지지 않는다. 그런 사람들에게서 상대방을 배려하는 마음을 기대하기란 애당초 무리일 수밖에 없다.

그러나 원만한 사회생활을 위해서라면 상대방을 배려하는 마음을 길러야 한다. 배려하는 마음속엔 따뜻한 정이 살아 있고, 너그럽고 인차한 마음이 숨 쉬고 있다. 배려하는 마음은 사랑에서 온다.

헨리 포드는 "성공의 비결이 하나 있다면 그것은 남의 입장에 설 줄 아는 수완이다. 그리고 자신의 입장처럼 남의 입장을 이해한 다음 매사를 객관적으로 처리하는 것이다"라고 말했다. 남의 입장에 설 줄 아는 마음, 그것은 헨리 포드의 말처럼 성공의 비결로서 손색이 없는 처세술이다. 헨리 포드는 자신의 말처럼 행동하여 세계사에 남은 인물이 되었다.

사람이 사람을 대하고 다루는 것처럼 어려운 일은 없다. 같은 일을 놓고도 백이면 백 각자의 생각이 모두 다르기에, 사람은 쉬운 존재이면서도 가장 어려운 존재이다.

비판은 상대방을 적으로 만든다

미국 역사상 가장 위대한 대통령인 에이브러햄 링컨. 그는 원래 지독한 이기주의자에다 상대방이 평생 원한을 갖게 만들 만큼 독선적인 성격을 지닌 사람이었다. 그런 그가 회심을 하게 되는 일대의 사건이 있었다.

1842년 가을, 일리노이 주 스프링필드에서 변호사로 일하던 링컨은 자신의 적을 신문에서 공개적으로 공격했다. 링컨은 〈스프링필드 저널〉에 공개된 익명의 편지에서 정치가 제임스 쉴드를 매우 헐뜯었다. '얼빠진 아일랜드 출신'이라고 비난했던 것이다.

마을 사람들은 웃었다. 눈치가 빠르고 자존심이 강했던 쉴드는 편지를 쓴 사람이 링컨이라는 사실을 알고 즉시 말을 타고 찾아가 결투를 신청했다. 링컨은 싸움을 원하지 않았지만 피할 수는 없었다. 쉴드는 링컨에게 마음대로 무기를 선택하라고 했다. 링컨은 팔이 길었기 때문에 칼을 선택하고는 아는 군인으로부터 조언까지 들었다. 그리고 약속한 날에 미시시피 강 모래벌판으로 나갔다. 그는 결판을 내기 위해 결투 준비를 했다. 그러나 최종 순간에, 그들 곁에 있던 입회자가 극구 말리며 결투는 중지되었다.

링컨은 그 사건을 평생 동안 잊을 수 없었다. 그로 인해서 사람을 다루는 문제에 대해서 큰 교훈을 배웠던 것이다. 그후 링컨은 남을 비난하는 내용의 편지는 일절 보내지 않았다. 그리고 절대로 신랄하게 남을 비평하지도 않았다. 그 사건을 거울삼아 어떤 일이 있어도 남을 탓하는 대신 이해하고 배려하는 미덕을 보여주었다.

링컨은 자신이 깨달은 교훈을 다른 사람들에게도 적극적으로 전했다.

아내나 친구들이 남부 사람들을 비판하거나 욕을 하면, "그들을 비판하지 말아요. 그들도 우리와 별 차이가 없는 사람들이라오"라고 말해주었다. 비판이 백해무익하다는 것을 그는 누구보다도 잘 알았던 것이다.

상대방을 존중하는 마음 자세

영국의 사상가 토머스 칼라일은 "소인을 다루는 것을 보면 위대한 사람의 인격을 알 수 있다. 사람들을 저주하지 말고 그들을 이해하도록 노력하라. 왜 그들이 그런 행동을 하는지 알아보는 것이 좋다. 무조건적인 비판보다는 왜 그랬는지 그 동기를 이해해야 한다. 그러면 동정심, 관심, 친절을 발휘할 수 있을 것이다"라고 말했다.

우리는 여기서 한 가지 분명한 사실을 발견할 수 있다. 링컨이나 칼라일은 남을 비판하는 것이 아무 이익이 없다는 것을 잘 알았다는 것이다. 그리고 그들은 비판 대신 상대방을 배려하고 이해하는 데 노력을 기울였다.

상대방을 배려한다는 것이 아름다운 일임은 누구나 안다. 또한 실천하는 것이 대단히 어렵고 힘든 일이라는 것도 알고 있다. 그러나 우리는 배려하는 일에 익숙해져야 한다. 그러기 위해서는 자신을 조금 낮추고 인내하는 마음을 길러야 한다.

배려하는 마음이 깊어질수록 자신의 삶도 그만큼 깊어지는 것이다. 상대방을 비판하면 그 비판으로 인해 자신에게나 상대방에게 쓰디쓴 상처만 남기게 된다.

따뜻한 삶의 소유자가 되길 원하는가? 그러면 비판하지 말고 배려하는 자세를 가져라. 그것이 자신의 삶을 한층 보람 있게 하고, 덕망 있는 사람으로 만들어줄 것이다.

실천마인드 07
배려하는 마음을 기르는 법

- 상대방도 나와 같이 소중한 사람이라고 생각하자.
- 내가 아니면 안 된다는 오만을 버리자.
- 어려운 일은 서로 나누어서 해라. 일을 같이 하다 보면 배려하는 마음을 배우게 된다.
- 먼저 양보하는 미덕을 기르자.
- 온유하고 너그러운 생각을 품고 사는 자세를 갖자.
- 항상 역지사지하는 마음을 가져라.
- 함부로 상대방을 비판하지 마라. 비판은 총칼 없는 횡포와 같다.
- 쉽게 화를 내지 마라. 몇 번이고 돌이켜 참는 법을 배우자.
- 나만 잘난 사람이라는 착각을 버리자.
- 사람은 누구나 상대방에게 배려받고 싶어한다. 배려의 또 다른 말은 사랑이다.

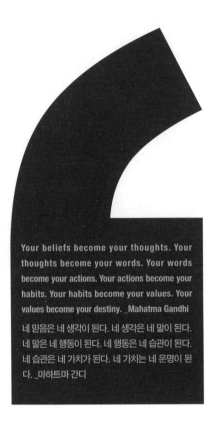

Your beliefs become your thoughts. Your thoughts become your words. Your words become your actions. Your actions become your habits. Your habits become your values. Your values become your destiny. _Mahatma Gandhi

네 믿음은 네 생각이 된다. 네 생각은 네 말이 된다. 네 말은 네 행동이 된다. 네 행동은 네 습관이 된다. 네 습관은 네 가치가 된다. 네 가치는 네 운명이 된다. _마하트마 간디

Chapter 02

목표를 정했으면
독하게 실천하자

10대들이여, 자신만의 꿈을 가져라. 그리고 그 꿈을 확실하
게 이끌어낼 수 있는 성공적인 자신만의 밑그림을 그려라.
그리고 그림을 완성시키기 위해 땀을 흘려라.

8
천 권의 책을 반드시 읽자,
책은 곧 경쟁력이다

독서 습관을 몸에 지닌다는 것은 인생에 있어서의 거의 모든
불행으로부터 당신을 지켜주는 피난처를 마련하는 것이다.
서머싯 몸

책은 인생 최고의 스승이다

말없이 인생을 가르치는 최고의 스승, 책. 인류 역사상 최고의 가치
적 삶을 살았던 수많은 동서양의 선각자들은 모두 책 속에서 진리를
찾았고, 그 진리 속에서 터득한 창의적이고 독창적인 생각으로 진주
처럼 영롱한 삶을 제시했다.

책은 인류가 만들어낸 가장 가치 있는 것 중 하나이다. 비록 인류가
책을 만들었지만, 책은 다시 인류를 만들어냈고, 지금도 만들고 있으
며, 앞으로도 만들어갈 것이다.

책의 가치가 이러한데도 우리의 교육은 읽고 생각하고 쓸 시간을 주지 않는다. 배운 것을 무조건 암기하고 시험 보는 것을 교육이라고 말한다. 참된 교육은 참인간을 만드는 것이지 돈을 잘 벌고 좋은 직장을 얻게 하는 것이 결코 아니다. 그러나 현재 우리 교육의 목적은 어느 대학에 몇 명이 들어갔고, 사법고시나 외무고시나 행정고시에 몇 명이 합격했고, 어느 대기업에 몇 명이 입사했는지를 대내외에 자랑스럽게 알리는 것이 목적이 되어버린 듯하다. 사실 지금껏 그래왔고 지금도 그렇게 대대적으로 홍보를 하고 있다. 이것이야말로 교육의 참된 이상과 목적을 오도하는 행위이다.

이런 목적을 가진 교육 현장에서 책 읽을 시간을 주는 것을 기대한다는 것은 애당초 무리인 것이다. 말로는 책을 읽어야 한다고 그럴듯하게 내세우지만 독서 시간으로 주어진 그나마의 시간도 영어 단어를 외우게 하고, 수학 문제를 푸는 시간으로 활용한다고 한다. 거기다 더 아연실색하게 하는 것은 각 대학에서 논술이나 구술시험을 본다고 하자, 평소에는 책 한 권 읽을 시간조차 주지 않던 학교에서 수능이 끝나기 무섭게 논술 강사를 데려다 벼락치기 입시 대비용 논술을 가르치는 것이다. 그것이 미덥지 못한 지방의 학부모들은 거액을 들여서까지 서울 족집게 논술 강사에게 원정 논술 과외를 시킨다고 한다.

논술이란 무엇인가? 논술이란 어떤 주제나 사안에 대해 논리적 증거를 내세워 자신이 생각하는 관점을 체계적으로 제시하는 글이다. 이런 글을 쓰기 위해서는 평소 꾸준한 책 읽기를 통해 이해력을 높이고 사고력을 증진시켜야 한다. 그런데 이런 과정을 생략하고 벼락치기 논술 과외를 통해 대학이나 붙고 보자는 식이니 참으로 어처구니가 없다.

공교육 현장인 학교에서 책 읽기를 한다는 것은 지금의 교육 제도가 바뀌지 않는 한 불가능한 일일 수도 있다. 그러나 아무리 최악의 환경이라 하더라도 자신을 위해서는 자신만의 독서 풍토를 만들어야 한다.

독서 능력을 기르는 법

첫째, 아무리 학과 공부가 중요하다고 해도 자신의 참된 사고력과 논리력을 키우기 위해서는 일정한 시간을 정해 독서 시간으로 활용해야 한다. 자신의 의지만 있다면 하루 30분이든 한 시간이든 얼마든지 책을 읽을 수 있다. 여기서 한 가지 명심해야 할 것은 책을 읽는 동안은 주변에서 영어 단어를 외우거나 다른 공부를 해도 전혀 신경 쓰지 말고 책을 읽는 데 열중해야 한다는 것이다.

둘째, 책을 읽으면서 중요한 문구나 대목에는 반드시 밑줄을 그어 표시를 해두어야 한다. 그렇게 할 때 좀 더 집중력을 키울 수 있고, 나중에 자료로도 손쉽게 활용하여 큰 도움을 받을 수 있다.

셋째, 나만의 독서 노트를 준비하자. 책을 읽은 후에는 독서한 내용 중 중요한 대목이나 기억해야 할 것을 반드시 메모해두어야 한다. 인간의 기억은 한계가 있다. 그 한계를 극복하게 해주는 것이 메모하는 습관이다.

넷째, 독서를 한 후에는 자신의 느낌을 간단히 정리해두어야 한다. 이때 자신의 주관을 분명하게 드러내는 게 중요하다. 책 읽기란 결국 자신의 사고를 높여나가는 데 목적이 있기 때문에, 자신의 생각을 솔직하게 나타내는 연습을 해야 한다. 처음에는 짧은 글쓰기로 시작해서 자신이 붙으면 좀 더 긴 글쓰기를 시도해보자. 이렇게 꾸준히 반복하다 보면 글쓰기에 자신이 생긴다. 그러면 책 읽기는 한층 더 탄력을 받게 되고, 우리가 하루 세 끼의 식사를 하는 것처럼 아주 자연스러운 독서 습관을 가질 수 있다.

천 권의 책을 읽어라

10대에 반드시 천 권의 책을 읽어라. 천 권이면 상당한 독서량이다. 천 권의 책을 읽어내려면, 1년에 백 권을 읽는다고 할 때 10년에 걸쳐 읽어야 하고, 평균 3일에 한 권의 책을 읽어야 하는 방대한 양이다. 이런 나의 제안에 대해 우리나라 현실을 너무 모르는 말이라고 타박하는 사람도 있겠지만, 마음만 먹으면 가능한 일이다.

이 천 권의 책엔 시집, 소설, 수필집, 인문 서적, 역사 서적, 철학 서적 등 다양한 책이 포함되어야 한다. 자신이 좋아하는 책만 읽다 보면 편독으로 인해 사유의 폭을 넓히는 데 도움이 되지 않는다. 사유의 불균형은 건강한 정신을 기르는 데 있어 바람직하지 못하다. 그래서 다양한 분야의 책을 읽어야 하는 것이다. 이것이 독서의 바람직한 정형이라고 할 수 있다.

독서의 유익함

독서의 유익함은 누구나 아는 사실이지만 그래도 언급하고 넘어가는 것이 좋을 듯하다.

첫째, 책 속엔 풍부한 지식이 넘쳐난다. 그 까닭은 책을 쓰기 위해 저자들은 많은 자료를 수집하고, 깊은 사유와 경험을 책 속에 담아내기 때문이다.

둘째, 책 속엔 새로운 정보와 선인들이 경험하고 깨달은 삶의 지혜가 가득하다.

셋째, 책 속엔 마음을 맑고 따뜻하게 순화시켜 주는 정서가 가득하다.

넷째, 책 속엔 역사와 문화, 철학적 사유가 가득하다.

다섯째, 책 속엔 음악과 미술, 예술의 향기가 가득하다.

여섯째, 책은 풍부한 상상력과 창의력을 길러준다.

일곱째, 책 읽기는 문장 이해력을 높여주고 요점 파악 능력을 길러준다.

생각하기에 따라 책이 주는 유익함은 그 어떤 것보다도 가치 있다고 할 수 있다. 음식은 건강을 지켜주지만, 책은 건강한 정신을 배양해 맑은 영혼을 갖게 만들기 때문이다.

책을 인생의 보물처럼 생각하자

우리의 선인들은 지독한 가난 속에서도 책을 소중히 여겼고, 늘 책을 끼고 살았다. 그리고 어려운 일을 만나면 책 속에서 지혜를 구하고 삶의 해법을 찾았다. 또한 학자들은 후학을 위해 자신이 가진 지식을 책으로 써내 후세에 남기는 열의를 보여주었다. 그렇게 쓰인 책은 지금까지 전해 내려와 과거의 역사와 생활상을 생생히 보여줌으로써 민족정신을 고양시키고 역사의식을 심어주고 있다.

세계에서 가장 우수한 민족이라는 유태인은 책을 매우 소중하게 여긴다. 그들이 얼마나 책을 중요하게 다루는지는 다음 예화를 통해서도 잘 알 수 있다.

고대 유태인들은 책이 낡아서 책장이 떨어지고 글자가 희미해져 더볼 수 없게 되면 성자를 매장하듯 사람들이 모여 정성을 다해서 구덩이를 파고 묻었다고 한다. 책을 불태우는 짓은 절대로 하지 않았다.

그들이 자랑하는 《탈무드》는 매우 방대한 분량의 책이다. 히브리어로 씌었으며 총 스무 권, 1만 2천 페이지, 250만 단어로 이루어져 있다. 세계 그 어느 나라의 백과사전보다도 방대한 분량이다. 5천 년의 역사를 가진 《탈무드》는 구전되어 오던 것을 200명이 넘는 랍비가 모여서 10년에 걸쳐 편찬하였다. 이를 보더라도 유태인들이 책에 쏟는 정성은 실로 대단하다 하겠다.

요즘은 출판 기술의 발달로 우리나라에서만 하루에도 수백 종이 넘는 책이 쏟아져 나온다. 그런데 이중 대다수가 재판도 찍지 못하고 폐기 처분된다고 한다. 그 이유야 여러 가지겠지만 가장 큰 이유는 우리나라 사람들이 너무 책을 읽지 않아 팔리지 않기 때문이라는 것이다. 참으로 부끄럽고 안타까운 독서 현실이 아닐 수 없다.

독서량은 국가 경쟁력과 정비례한다

잘사는 나라일수록 독서량이 많고, 못사는 나라일수록 독서량이 적다고 한다. 이를 보면 삶의 질은 독서량과 정비례한다는 것을 알 수 있다.

영국의 수상이었던 디즈레일리는 "단 한 권의 책밖에 읽지 않은 사람을 경계하라"고 했다. 이는 책을 읽지 않는 사람은 그만큼 친구로서 부족함이 많기 때문에 그런 사람은 경계함이 마땅하다는 의미이다. 어떻게 보면 냉정하고 단호한 이야기 같지만, 풍요로운 자신의 미래를 위해서라면 매우 일리 있는 이야기라고 할 수 있다.

10대들이여, 자신의 삶을 성공으로 이끌고 싶은가? 그렇다면 주저하지 말고 손에 책을 집어 들어라. 그리고 책 속에 깊이 빠져라. 그것이 최선의 방책이고 삶의 지혜임을 굳게 믿어라. 미래는 그런 사람을 기다리고 있다.

실천마인드 08
책 잘 읽는 법

- 매일 일정 시간 동안 일정량을 꾸준히 읽는 습관을 기르자.
- 편식이 건강에 해가 되듯 편독 역시 정신 건강에 해롭다. 시, 소설, 철학 서적, 인문 서적 등 다양한 책을 읽는 습관을 기르자.
- 책을 읽고 나서는 반드시 느낀 점을 써보자.
- 쉬운 책부터 읽고 차츰 어려운 책을 읽자.
- 책을 읽고 토론을 해보자.
- 마음이 맞는 사람들끼리 독서 모임을 가져보자.
- 잠자기 전에 읽으면 기억력이 오래간다.
- 도서관을 이용하는 습관을 기르자.
- 서점을 자주 찾아 새 책의 정보를 얻자.
- 독서 문화에 대한 바른 인식을 기르자.

목표를 정했으면
독하게 실천하자

9

성공한 자기 삶의 밑그림을
멋지게 그리기

인간은 석재이다. 그것을 가지고 신의 자태로 조각하든가
악마의 모양으로 새기든가는 각 사람마다 자신의 마음먹기에 달렸다.

E. 스펜서

사람은 꿈을 먹고 사는 동물이다

사람은 꿈을 먹고 사는 동물이다. 그런데 어떤 사람은 자신에게 잘 맞는 꿈을 찾아가는가 하면 어떤 사람은 자기와 잘 맞지 않는 꿈을 좇느라 헤매는 모습을 볼 수 있다. 좋은 꿈이란 꾸면 꿀수록 달콤하게 느껴지는 꿀 같아서 많은 사람들은 멋진 꿈을 찾아 자신의 인생 전부를 건다.

그러나 꿈을 좇아 산다는 것은 자신의 뜻처럼 녹록지도 호락호락하지도 않다. 그렇다 보니 많은 사람들이 고통의 강에 빠져 절망하고 몸

부림친다. 이런 현상이 벌어지고 마는 요인으로는 몇 가지가 있다.

첫째는 자기 분수에 맞지 않은 일을 선택했기 때문이다. 사람에겐 저마다 자신에게 맞는 일이 있다. 성격이나 재능, 능력 등 그 사람에게 맞는 일을 결정하는 요인들이 있는데 이를 고려하지 않은 채 무리하게 일을 선택하다 보니 한계 상황에 부딪히기 쉽고 그만큼 절망에 빠지기도 쉽다.

둘째, 아무 생각 없이 성공한 사람들을 무조건 따라 하기 때문이다. 성공한 사람은 성공하고 싶어하는 많은 사람들에게 우상처럼 여겨지고 매력적으로 보인다. 물론 성공한 사람을 자신의 삶의 모델로 삼고 그 사람의 행동을 타산지석으로 여기며 살아가는 것 자체가 잘못이라는 의미는 아니다. 존경하는 누군가의 삶을 좇아 살면서 자신의 삶을 성공으로 이끈 이들도 많이 있다. 그러나 그렇다고 해서 그 사람을 무조건 따라 하는 것은 옳지 않다. 그 일이 그 사람에겐 맞지만 자신에게는 안 맞을 수도 있기 때문이다. 따라서 그 일이 나와 잘 맞는지 아닌지를 세심하고 충분하게 검토해서 결정해야 한다. 그것을 무시할 경우 실패할 확률은 그만큼 높아지는 것이다.

셋째, 지나친 과욕이 현명한 판단을 가로막기 때문이다. 욕심이 넘치다 보면 감정이 앞서게 되고, 감정이 앞서다 보면 냉철한 마음이 사라지고 이성적인 판단력이 흐려진다. 이성이 흐려지면 합리적이고 계획적인 일을 그르치게 될 확률이 높다. 그것이 자신을 실패의 고통에 빠지게 하는 것이다.

이 밖에도 여러 가지 요인이 있을 수 있다.

그렇다면 어떻게 해야 자신의 삶을 성공적으로 이끌 수 있을까? 그에 대해 W. E. 도드는 "일을 성취시키는 비결은 성공의 결과에 대한 그림을 마음에 그리는 것"이라고 했다. 옳은 말이다. 자신이 이루고자 하는 목표를 마음속에 그리고, 그 목표를 향해 다가가는 노력을 할 때 비로소 멋지게 목표를 성취할 수 있다.

각자가 바라는 그림은 달라도 누구나 자신이 이루고 싶은 것이 있게 마련이다. 그러나 마음속에 그림만 그린다고 해서 다 되는 것은 아니다. 누구나 마음속에 성공의 그림을 그리지만 그 그림을 완성시키는 것은 생각만으로 이루어지지는 않는다. 거기엔 반드시 그에 맞는 준비와 수고가 뒤따라야 하는데 그것이 그리 쉽지만은 않다.

하지만 백층이 넘는 초고층 빌딩도 한 장의 벽돌부터 차곡차곡 쌓아 올렸듯, 처음부터 너무 완벽하게 잘하려고 서두르지 말고 차분히 하나하나 해나가다 보면 그 과정에서 새로운 정보와 아이디어를 만나게 된다. 그것을 자신의 일에 새롭게 접목시키고 연구하다 보면 애초에는 생각지도 못했던 결과를 얻을 수 있다. 그리고 그것이 성공의 밑거름이 되어 자신의 목표를 달성하게 되는 것이다.

성공적인 자신의 인생을 스케치하자

전 미국 캘리포니아 주지사 아널드 슈워제네거. 그는 어린 시절 꿈을 안고 아버지를 따라 오스트리아에서 미국으로 이주했다. 그의 어린 시절은 참으로 가난했지만, 그에겐 이루고 싶은 꿈이 세 가지나 있었다. 그래서 그는 어려운 환경에 굴하지 않고 자신의 꿈을 그리기 시작했다.

첫 번째 꿈은 영화배우가 되는 것이었다. 두 번째 꿈은 미국의 명문가인 케네디가의 여인과 결혼하는 것이었다. 그리고 세 번째 꿈은 캘리포니아의 주지사가 되는 것이었다. 그는 자신이 그린 성공의 밑그림을 완성시키기 위해 그야말로 혼신의 노력을 다했다. 그리고 결국그 세 가지 성공의 그림을 완성해냈다. 그는 자신의 희망이 멋지게 이루어진 것을 자랑스러워했고, 미국인들은 그에게 아낌없는 찬사와 성원을 보내주었다.

영국의 영웅 윈스턴 처칠. 그는 공부를 못해 두 번이나 육군사관학교에 낙방했지만 그에 굴하지 않고 계속 도전을 하여 결국 합격했다. 그리고 정치계에 입문하여 각고의 노력 끝에 영국의 수상으로 선출되었다.

그는 세계사의 흐름을 바꿀 만큼 막대한 영향을 발휘한 20세기의주요 정치가이자 명연설가였고, 정치인이면서 노벨 문학상까지 거머

쥔 특이한 이력의 소유자이기도 했다. 그 역시 영국의 수상이 되어야 겠다는 성공의 밑그림을 자신의 마음속 깊이 그려두고 있었다. 그의 바람은 그의 간절한 열망과 피나는 노력으로 인해 현실로 이루어졌던 것이다.

성공의 비결

이 세상에는 그 무엇이라도 거저 이루어지는 것은 없다. 성공의 뒤엔 반드시 그에 따른 철저한 준비와 노력이 있었음을 절대로 잊어서는 안 될 것이다.

10대들이여, 자신만의 꿈을 가져라. 그리고 그 꿈을 확실하게 이끌어낼 수 있는 성공적인 자신만의 밑그림을 그려라. 그리고 그림을 완성시키기 위해 땀을 흘려라. 자기를 혁신시켜라. 자신의 능력을 최대한 개발하라. 스펜서가 했던 말을 늘 가슴에 품고, 자신을 멋지고 아름다운 삶으로 조각하라. 그것이 성공의 비결임을 기억하라.

실천마인드 09

성공의 밑그림을 잘 그리는 법

- 나는 할 수 있다는 생각을 늘 가슴에 품자.
- 나는 소중한 인생이라고 매일 거울을 보고 외쳐보자.
- 날마다 자신을 혁신시키자.
- 날마다 자신의 생활을 점검하고, 잘못된 것이 발견되면 고치자.
- 내 인생의 주인공은 나다. 나를 절대 소홀히 하지 않는 마음을 가져라.
- 자신의 삶을 멋지게 디자인하라. 그리고 그 디자인에 따라 자신의 삶을 개선해나가라.
- 항상 꿈을 가져라. 꿈은 반드시 이루어진다는 신념을 갖자.
- 항상 책을 읽고 공부하라. 공부하지 않으면 뒤처진다는 사실을 한시도 잊지 말자.
- 기초를 탄탄하게 다져라. 기초가 부실하면 그 어떤 성공도 할 수 없다.
- 성공한 자신의 모습을 그려라. 그리고 날마다 그 모습을 구체화시켜라.

10
편견은 무서운 병,
나쁜 편견 버리기

인간은 누구나 저마다 자신의 생각에 따라 행동하는 법이다.
또 그렇게 해야만 한다. 그런데 타인의 생각도 자신의 생각과
일치해야 한다고 생각하는 것은, 타인의 체형이나 몸집이
자기와 일치해야 한다고 생각하는 것처럼 교만한 일이다. 인간은
저마다 자기가 옳다고 생각하면서 살아간다. 그런데 정말로 누가 옳고
그른가를 아는 것은 오직 신뿐이다. 옳고 그름에 관한 편견을 버려라.

필립 체스터필드

편견은 마음의 색안경이다

사람들이 일상생활에서 가장 많이 하는 실수가 사람이나 어떤 일에
대해 편견을 갖는 것이다. 편견이란 한쪽으로 치우치는 생각을 말한
다. 편견을 갖게 되는 까닭은 자신의 생각과 다른 것을 무조건 배척하
기 때문이다.

편견을 갖고 살아가는 사람들이 많은 사회일수록 그 사회는 극심한
사상의 불균형을 이루어 서로 화합하지 못하고 계층 간의 균열이 발
생한다. 지금 우리 사회는 보수와 진보의 대립으로 사사건건 부딪치

고 논쟁에 논쟁이 불거진다. 이른바 반목과 질시라는 사회 풍조가 날로 심화되어, 지역 간 갈등에 이은 또 다른 갈등이 만들어지고 있다.

이 모든 것들 역시 따지고 보면 일종의 편견이라고 할 수 있다. 흔히 하는 말로 "색안경을 쓴다"라는 말이 있는데, 그 색안경이 바로 편견이다.

편견의 어리석음

밤나무 꼭대기에 까치가 집을 지었다. 그것을 보고 어떤 사람이 혼잣말을 했다.

"저런, 저렇게 높은 곳에 집을 짓다니. 저러다 비바람이라도 불면 어쩌려고. 내가 다 현기증이 나는구먼. 쯧쯧, 어리석기 짝이 없어. 저러니까 까치지……."

비바람이 몹시 몰아치는 날이었다. 사내는 까치가 걱정이 되어 창밖을 내다보며 걱정스런 얼굴로 바라보다 까치집이 망가지지 않길 바라며 잠이 들었다. 밤새도록 비바람은 윙윙 소리를 내며 몰아쳤다. 나뭇가지가 부러지고 온갖 쓰레기들이 바람에 날렸다. 사내는 두 번이나 잠에서 깨어났다.

그리고 다음 날 아침, 사내는 잠에서 깨자마자 창가로 다가가 밤나무를 쳐다보았다. 까치집이 걱정되었던 것이다. 밤나무를 바라보는 순간 그는 깜짝 놀랐다. 비바람에 날아간 줄 알았던 까치집이 그대로 있었다. 얼기설기 지은 그 엉성한 까치집은 그를 비웃듯 당당하게 버티고 있었다.

그런데 밤나무 아래에는 부러진 밤나무 가지들과 쓰레기들이 나뒹굴고 있었다.

"오, 저럴 수가! 그렇게 튼튼하게 보이던 밤나무 가지는 부러져 저리도 비참하게 나뒹굴고 있는데, 저토록 약한 까치집은 그대로 있다니."

남자는 이렇게 말하며 자신이 얼마나 쓸데없는 편견에 사로잡힌 사람이었는지를 깨닫게 되었다. 그후 그는 무의미한 편견에서 벗어날 수 있었다고 한다.

이 이야기는 편견이 얼마나 무모하고 부질없는 것인지 다시 한 번 생각하게 한다.

서로를 인정해주는 마음을 갖자

'톨레랑스(tolerantia)'라는 말이 있다. 이는 '관용'이란 뜻으로, 있는 그대로를 믿고 서로 간섭하지 않고 인정하는 것을 말한다.

얼마나 자연스럽고 긍정적이며 인격적인가. 우리 사회는 지나치게 편견이 많은 사회다. 톨레랑스란 말처럼 서로를 간섭하지 않되 서로를 믿고 인정해주는 사회적 풍토를 만들어야 한다. 친구 사이를 멀리하게 만드는 것 역시 편견이다. 편견으로 인해 우정에 금이 가고 어색한 관계가 되고 만다.

편견은 하루 빨리 버려야 할 우리 사회의 독이다. 한창 꿈을 키워나가는 10대 청소년들은 편견이 얼마나 인간 사회에 독이 되는 것인가를 분명히 알아야 한다. 그리고 편견을 자신의 마음으로부터 떼어버려야 한다. 편견을 자신의 마음으로부터 떼어내는 것만으로도 훌륭한 인격을 형성할 수 있다.

18세기 영국의 탁월한 문필가이며 정치가, 외교관이었던 필립 체스터필드는 아들에게 보내는 편지에서 "상대방이 자신의 생각과 다르다고 해서 멸시하는 것도 우스운 일이지만, 자신이 믿는 것과 다르다고 해서 이교도 취급을 하고 천대하는 것 또한 우스운 일이다. 인간은 자신이 생각하는 대로 생각할 수밖에 없으며, 믿는 대로 믿을 수밖에 없는 존재인 것이다. 책망을 받아야 할 사람은 일부러 거짓말을 하거나 헛소문을 퍼뜨리는 사람이지, 그것을 믿는 사람이 아니다"라며 편견의 위험성에 대해 말했다.

체스터필드의 이 말을 가슴 깊이 새기며 자신의 삶을 멋지게 사는 10대들이 되었으면 한다.

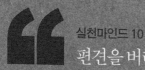

실천마인드 10
편견을 버리는 방법

- 내 생각만 옳다고 생각하는 고집을 버려라.
- 편견은 삶에 무서운 독소로 작용한다는 점을 항상 기억하자.
- 어떤 일에 문제가 발생했을 땐 지나친 편견이 개입된 경우가 많다.
  편견을 버리는 것이야말로 삶을 형평성 있게 사는 길임을 기억하라.
- 상대방의 생각을 인정하는 자세를 갖자.
- 나와 다른 것에 대해 불신하는 마음을 버리자.
- 긍정적인 생각을 갖자.
- 어떤 일에 대해서든 공명정대한 마음을 가져라.
- 자신이 만들어놓은 생각의 잣대를 늘 점검하는 자세를 길러라. 그래
  서 내 생각이 잘못됐다면 그 생각을 고쳐라.
- 한쪽으로 치우치는 삶을 사는 사람들은 편견에 빠질 위험성이 높다.
  항상 이를 조심하자.

11
자신을 이기는 힘이
큰 인물로 성장시킨다

남이 하는 일을 잘 아는 사람은 똑똑한 사람이다.
자기 자신을 잘 아는 사람은 그 이상으로 총명한 사람이다.
그리고 남을 설복시킬 수 있는 사람은 강한 사람이다.
그러나 자기 자신을 이겨내는 사람은 그 이상으로 강한 사람이다.
노자

마인드 컨트롤(Mind Control)

마음을 자유자재로 조율하는 것처럼 어려운 일은 없다. 특히 자신의 감정을 마음대로 조절하는 것은 생각보다 매우 어렵다. 그러나 꾸준한 인격 수양을 통해서라면 얼마든지 마인드 컨트롤할 수 있다.

물론 그렇게 되기까지에는 철저한 노력이 필요하다. 계획성 있는 자기 관리, 참는 마음, 상대방을 배려하는 자세를 꾸준히 길러야 한다. 이런 과정에서 자기 자신에 대해 한층 폭넓게 알게 되고, 남을 이해하고 배려하는 마음을 갖게 되는 것이다.

삶은 모든 게 연습이고 실전이다. 연습 없이 좋은 결과를 얻을 수 없고, 좋은 결과 뒤엔 반드시 꾸준하고 반복적인 연습이 있게 마련이다.

A. C. 에밀은 "사람이 흥분하면 자기가 자기를 속이는 결과를 낳는다. 평소에 사리가 밝고 온화하던 사람도 일단 흥분에 사로잡히면 도리를 저버리고 사나운 행동으로 빗나가고 만다. 조금 전까지 다정하던 친구에게 생전 안 볼 듯이 무서운 욕설을 퍼붓는 것은 흥분의 소치이다. 자기의 마음을 올바르게 표현하려면 냉정하게 자신을 억제할 줄 알아야 한다"라고 말했다.

에밀의 말처럼 자신을 극복하지 못하면 쉽게 흥분하게 되고, 그로 인해 돌이킬 수 없는 상황에 처하게 되는 경우가 종종 있다. 자신을 억제하는 것은 자기를 극복하는 것과 같은 맥락이다. 자기를 극복하는 자세를 갖출 때 자기 감정을 억제하는 마음도 갖게 된다.

자신을 극복하는 마음을 기르자

큰일을 이루어낸 사람들에겐 한 가지 뚜렷한 공통점이 있는데, 그것은 한결같이 자신을 극복했다는 것이다. 에이브러햄 링컨은 지독한 가난 속에서도 꾸준히 인내하고 노력함으로써 자신의 삶을 성공적으로 살 수 있었고, 마하트마 간디 역시 자신을 극복해냄으로써 영국으로부터 인도의 독립을 이끌었다.

　백의의 천사 나이팅게일, 한평생을 가난하고 병든 자들의 어머니로 살다 간 마더 테레사 수녀, 청각 장애를 겪으면서도 불후의 명곡을 남긴 베토벤, 숱한 어려움 속에서도 아프리카 공화국의 민주화를 이끌어낸 넬슨 만델라, 맹인 테너 안드레아 보첼리, 정적들과 간신배들의 수많은 방해 공작과 괴롭힘에도 굴하지 않고 고독과 눈물을 삼키며 풍전등화의 조선을 왜구로부터 지켜낸 성웅 이순신 장군, 온갖 역경과 죽음의 공포를 극복하고 세계 최고봉을 모두 등정한 엄홍길, 서자의 서러움을 극복하고 최고의 한의사가 된 《동의보감》의 저자 허준, 지독한 가난을 극복하고 맨주먹으로 한국 최고의 기업을 이루어낸 정주영, 이들 모두 자신을 이겨낸 사람들이다. 그들은 자신을 이겨냄으로써 성공적인 인생을 살 수 있었던 것이다.

자신을 극복한 인생이 성공한 인생이다

　자기를 극복함으로써 멋진 인생을 살았거나 살고 있는 많은 인생의 성공자들은 존경받아 마땅하다. 보통의 노력으로는 자기 자신을 넘어설 수 없다. 보통을 넘어 그 이상의 삶을 살고 싶다면, 그 이상으로 자신을 극복하며 자신에게 충실해야 한다.

02 목표를 정했으면
독하게 실천하자

장 파울은 "인생은 한 권의 책과 같다. 어리석은 사람은 아무렇게나 책장을 넘기지만, 현명한 사람은 공들여 읽는다. 왜냐하면 그들은 단 한 번밖에 그것을 읽지 못함을 알기 때문이다"라고 말했다. 이 말은 삶을 어떻게 살아야 하는지를 명확하고 명징하게 보여준다.

성공적인 인생으로 이끌고 싶다면 자기를 극복하라. 자기를 극복하는 자는 인생을 멋지게 살아갈 것이고, 자기를 극복하지 못하면 평범하게 살아갈 것이다.

진정 성공하고 싶은가? 그러면 자신을 이겨라. 그것만이 자신을 남과 다른 삶의 길로 이끌어줄 것이다.

실천마인드 11
자신을 극복하는 법

- 자신을 믿는 마음을 갖자.
- 나는 무슨 일이든 잘할 수 있다는 생각을 가져라.
- 자신은 소중한 일을 하기 위해 태어난 인생이라고 여겨라. 그래서 그 어떤 어려움에도 굴복하지 않겠다는 신념을 갖자.
- 마하트마 간디나 에이브러햄 링컨은 자기 극복을 통해 역사적 인물이 되었다. 자신을 극복한 사람들의 지혜를 배우자.
- '나는 나를 이길 수 있다'라고 매일 자기 자신에게 다짐하자.
- 나 아니면 어느 누구도 나를 대신할 수 없다. 그 어떤 일도 결국은 내 손을 통해서만 해낼 수 있다는 것에 긍지를 가져라.
- 성공하기 위해서는 체력도 받쳐주어야 한다. 목표를 정해 꾸준히 운동하자.
- 고독을 두려워하지 마라. 고독을 이기는 마음을 기르자.
- 혼자 있을 때라도 항상 자세를 반듯하게 하자.
- 게으름은 모든 일의 적이다. 자신을 극복하는 일 중 가장 어려운 것이 게으름을 이기는 것이다. 게으름을 이긴다면 그 어떤 일도 극복할 수 있음을 기억하라.

12

모든 인생은
10대에 시작된다

미래를 예측하는 최고의 방법은
미래를 만들어가는 것이다.

앨런 케이

10대는 인생의 골조를 세우는 시기다

10대는 '주변인' 또는 '경계인'이라고 불리는 만큼, 몸과 정신이 만들어지는 시기일 뿐만 아니라 자신의 미래를 위해 준비하는 매우 중요한 시기이다.

그러나 10대를 단지 자신의 앞날을 준비하는 인생의 한 과정이라고만 생각해서는 안 된다. 10대는 자신의 인생에 있어 인격을 형성하고 지혜와 지식을 쌓고 무슨 직업을 선택해야 하는지에 대해 탐구하고 결정하는, 가장 중요한 시기이다. 10대를 어떻게 보내느냐에 따라 자신의 인생이 결정된다.

그러나 지금 우리나라의 교육 현실은 오직 학과 점수를 높이는 데 혈안이 되어 있다. 사람은 그 누구나 그 사람만이 가지고 있는 고유의 특성이 있다. 그것을 재능이라고 하는데, 그 재능을 살펴보고, 재능이 발견되면 그것을 살려주어야 한다. 이른바 특성화 교육이라고 하는 맞춤식 교육이 진정한 교육의 목표라고 할 수 있다. 그러나 지금 우리의 교육 현실은 특성화 교육이라는 그럴듯한 무늬만 그리고 있을 뿐, 그 이상을 지향한다는 것은 현재로선 그림의 떡과 같다.

그나마 다행스러운 것은 비록 극소수지만 자녀의 특기를 살려주기 위해 노력하는 지각 있는 부모들이 존재한다는 사실이다. 또한 특성 있는 교육 방침을 내세워 타 대학과의 차별화를 꾀하는 대학도 점점 그 수가 늘어가고 있어 기대를 갖게 한다.

그러나 한 가지 아쉬운 점은 이러한 특성화 교육이 예체능에 편중되어 있다는 것이다. 물론 과거에 비해 일반 학과에도 특성화 바람이 불고 있지만, 그 비중이 예체능에 비해 상대적으로 매우 낮다.

10대를 성공적으로 시작한 이들
자신의 미래를 이미 성공적으로 이끌고 있는 10대들이 점점 늘어나는 것을 보면 특성화 교육이 얼마나 중요한지 알 수 있다.

가수 보아는 일본은 물론 아시아와 미국까지 그 이름을 알리고 있다. 이는 어린 시절부터 재능을 갈고 닦은 결과이다. 전 세계 바둑계를 놀라게 한 이창호 9단 또한 어려서부터 재능을 잘 살려낸 성공적인 경우이다. 예술이나 스포츠에는 이런 이들이 많다. 이승엽 선수, 박찬호 선수, 타이거 우즈, 또 소프라노 조수미, 첼리스트 장한나 등은 10대에 이미 자신의 재능을 발견하여 성공을 이루었다.

물론 이들은 타고난 재주를 일찌감치 인정받은 아주 특별한 경우라고 말할 수 있다. 하지만 우리가 이름을 모르는 무수히 많은 10대들도 자신의 분야에서 빼어난 두각을 나타내며 자신의 인생을 멋지게 그리고 있다. 10대에 벤처 기업 사장이 되는 이들이 있는가 하면, 일찌감치 미용사나 요리사로서 자기 길을 걸어가는 10대들도 있다. 이는 매우 바람직한 현상이라 할 수 있다.

자신이 하고 싶은 공부를 하자

우리나라 직장인의 58퍼센트가 자신의 전공과는 전혀 다른 분야에서 일을 하고 있다는 통계가 발표되었다. 이런 현상이 나타나는 가장 큰 원인은 자신의 특기나 적성에 관계없이 학교 간판을 보고 학과를 선택했기 때문이다. 그러다 보니 적성이 안 맞아 학교를 중도에서 포기하는 경우도 많고, 졸업 후에 다시 다른 학교로 진학하는 경우도 비일비재하다. 이는 자기 개인뿐만 아니라 가족 등 주변 사람들은 물론 국가적으로도 큰 낭비이며 손실이 아닐 수 없다.

체면을 좇고 겉모습에 취해 따라가는 것은 매우 어리석은 일이다. 현실은 꿈이 아니다. 현실은 다만 현실일 뿐이다. 삶을 낭비 없이 살기 위해서는 좀 더 현실을 직시하는 안목을 가져야 한다. 인생 전체를 결정지을 수도 있는 중요한 일을 학교 이름을 좇아 선택하는 어리석은 결정은 하지 말아야 한다. 신은 모든 사람들에게 그 사람만의 장점을 갖게 했다. 그 장점을 잘 살릴 수만 있다면 그 어떤 일을 하는 것보다 능률적이고 아름다운 결과를 낳을 수 있다.

모든 인생은 10대에 시작된다

10대는 인생을 출발하는 스타트 라인이다. 10대에 자신에게 가장 잘 어울리는 적성을 찾아야 한다. 그리고 그것이 어떤 것이라 할지라도 자신에게 필요한 일이고, 자신이 가장 잘할 수 있는 일이라고 판단되면 그 일을 선택해야 한다.

영국의 사상가 토머스 칼라일은 "인생이란 기쁨도 슬픔도 아니다.

다만 이 두 가지가 쉼 없이 반복되는 과정에서 부딪히는 느낌이 있을 뿐이다. 커다란 기쁨은 커다란 슬픔을 불러오며 깊은 슬픔은 깊은 기쁨으로 통한다. 자기가 할 일을 발견하고 자기가 하는 일에 신념을 가진 자는 행복하다"라고 말했다.

행복의 가치 기준은 사람마다 다소 차이는 있겠지만, 공통적으로는 자신에게 성취감을 주는 일을 할 때 행복한 것이다. 성취감을 느끼는 일은 배가 고프고 고통이 따르고 자신을 아무리 힘들게 해도 계속해서 하게 된다.

성취감은 인생을 윤택하게 하는 삶의 비타민과 같다. 성취감을 갖기 위해서는 신념을 길러야 한다. 사람에게 있어 신념은 대단히 중요하다. 신념이 있는 사람의 눈에서는 광채가 나지만 신념이 없는 사람의 얼굴엔 그늘이 져 있다.

바위같이 굳고 단단한 신념을 가져라. 그리고 신선하고 활기찬 에너지가 넘치는 10대에 그 신념을 견고히 하라. 모든 인생은 10대에 시작된다.

실천마인드 12
10대에 인생의 골조를 마련하는 방법

- 성공의 밑그림을 그리자.
- 내가 가장 잘할 수 있는 일을 선택하라.
- 나만의 독특한 개성을 기르자.
- 자신이 옳다고 생각하면 밀어붙여라.
- 긍정적인 사고방식을 갖자.
- 남과 비교하지 말자. 다만 배울 것이 있다면 악착같이 배우자.
- 오늘 비가 와도 내일은 해가 뜬다는 사실을 믿자.
- 물길을 따라 흐르는 강물은 제 길을 벗어나지 않음을 믿어라.
- 나는 해낼 수 있다고 항상 마인드 콘트롤을 하자.
- 한 번 해서 가치가 없다면 두 번도 하지 마라.
- 남의 눈치를 보지 말자.
- 어떤 일이 있더라도 절대로 기죽지 말자.

13
칭찬은 용기의 에너지,
칭찬하는 습관 기르기

나는 한마디의 칭찬으로
두 달을 기쁘게 살 수 있었다.
마크 트웨인

칭찬의 미덕

사람 사이를 원활하게 해주고 기분 좋게 해주는 것은 칭찬이다. 칭찬은 자신감을 갖게 하고 그 사람의 숨어 있는 에너지까지 끌어올리는 힘을 갖고 있다. 그래서 칭찬을 하면 할수록 기분이 좋아지고, 칭찬을 받는 사람 또한 매사를 긍정적으로 생각하게 된다.

칭찬은 상대방에게 나의 존재를 가장 확실하게 인식시키는 수단이며, 상대방으로 하여금 나에게 호감을 갖게 만드는 확실한 요소이다. 자신을 칭찬하는 사람을 싫어할 사람은 없다.

칭찬의 힘

이탈리아 나폴리의 어느 공장에서 열 살 난 한 소년이 일을 하며 생계를 유지하고 있었다. 그 소년의 꿈은 가수가 되는 것이었다. 그러나 그가 처음 만난 선생은 그에게 이렇게 말했다.

"너는 성악에 소질이 없구나. 목소리가 좋지 않아. 네 소리는 듣기 싫은 소리야."

소년은 실망했다. 그러나 소년의 어머니는 비록 배운 것 없는 가난한 시골 아낙이었지만 아들에게 격려와 칭찬을 아끼지 않았다.

"얘야, 너는 분명히 노래를 잘할 수 있는 소질이 있단다. 그러니 꾸준히 노래 연습을 하렴. 나는 네가 반드시 훌륭한 가수가 되리라 믿는다."

어머니의 칭찬에 용기를 얻은 소년은 열심히 노래 연습을 했고, 그의 어머니는 아들에게 성악 공부를 시키기 위해 열심히 돈을 벌며 온갖 지원을 아끼지 않았다. 어렵게 공부를 마친 후 소년은 결국 훌륭한 성악가가 되었는데, 그가 바로 세기적인 테너 엔리코 카루소이다.

런던에 사는 한 청년은 작가가 되고 싶었다. 그러나 모든 여건이 작가가 되기엔 너무도 열악했다. 그는 학교라고는 4년밖에 다니지 못했고, 그의 아버지는 빚을 갚지 못해 감옥에 갇혀 있었다. 그는 굶기를 밥 먹듯 해야 했다.

그는 병에 상표 붙이는 일로 생계를 유지하며, 그 와중에 글을 썼다. 하지만 자신이 없어 아무도 보지 않는 한밤중에 몰래 출판사로 원고를 보내곤 했다. 그러나 보내는 원고마다 거절당하기만 했다.

그러던 중 원고 하나가 채택되었다. 비록 원고에 대한 대가는 받지 못했지만, 그 당시 원고를 채택한 편집장은 그에게 칭찬을 아끼지 않았다. 청년은 이에 용기백배하여 더욱 열심히 글을 썼다. 그는 자신이 쓴 글도 책으로 출판될 수 있다는 희망을 품게 되었고, 한마디의 칭찬으로 인해 그의 인생은 변화하기 시작했다.

만일 편집장의 칭찬이 없었더라면 그는 평생을 보잘것없는 창고에서 병에 상표 붙이는 일을 했을 것이다. 그는 영국 문학계의 거장 찰스 디킨스이다.

1922년 미국 캘리포니아에서 아내와 함께 가난하게 살고 있던 한 젊은이가 있었다. 그는 일요일에는 교회 찬양대에서 노래를 불렀고, 결혼식장에서 〈약속하세요〉라는 노래를 불러주고 5달러씩 받는 돈으로 생활했다.

그는 너무나 가난했기 때문에 마을 안에서 살 수가 없어 멀리 떨어진 포도원에 있는 낡은 집을 빌려 살았다. 집세는 한 달에 12달러 50

센트였다. 그러나 그에게는 이처럼 싼 집세도 지불할 능력이 없었다. 그는 집세 때문에 포도원에서 포도 따는 일을 했고, 먹을 것이 없을 땐 포도로 연명하기도 했다.

그가 생계를 위해 트럭 판매 CM송을 불렀을 때, 이를 들은 시나리오 작가 루퍼트 휴즈는 그에게 말했다.

"당신은 놀라운 목소리를 가지고 있군요. 뉴욕에 가서 공부를 하면 유명한 가수가 될 수 있을 겁니다."

그는 그 한마디의 칭찬에 용기를 얻어 즉시 2,500달러를 빌려 공부를 시작했다. 그는 최선의 노력을 다한 끝에 큰 성공을 거두었는데, 그가 바로 전설적인 바리톤 로렌스 티베트이다.

칭찬이 사람을 변화시킨다

칭찬은 상대방을 변화시키는 멘토링(mentoring)이다. 사람은 누구나 타인을 칭찬할 수 있다. 그래서 누구나 상대방을 변화시키는 멘토가 될 수 있는 것이다.

미국의 유명한 심리학자이자 철학자인 하버드 대학 윌리엄 제임스 교수는 이렇게 말했다.

"우리는 사실 반쯤 정신을 차린 사람과 같다. 우리는 심신의 잠재력

중 극소수만 사용하고 있다. 일반적으로 말해서 인간은 누구나 자기가 정한 한계선 내에서 산다. 인간은 다양한 잠재력의 소유자이지만 그것을 잘 사용하지 못하는 것이다."

옳은 말이다. 사람은 누구나 다양한 잠재력을 지니고 있다. 이런 잠재력을 가진 사람을 칭찬하는 사람이 되자. 그런 만큼 자신의 잠재력을 계발하는 사람이 될 수 있는 것이다.

여기서 한 가지 분명한 것은, 칭찬은 자신감과 너그러움에서 온다는 사실이다. 항상 자신감을 가져라. 그리고 항상 너그러운 마음을 지녀라.

칭찬은 용기를 낼 수 있는 에너지의 원천이다. 불가능해 보이던 일도 칭찬이 따르면 자신도 모르는 사이 해내는 경우를 보게 된다. 또한 칭찬은 사람과 사람 사이를 가장 밀접하게 만들어주는 요소이기도 하다.

칭찬하라. 칭찬하되 정직하게 하라. 칭찬을 많이 할수록 자신의 삶도 상대방의 삶도 윤택해지고 행복해진다.

실천마인드 13
칭찬하는 습관을 기르는 방법

- 작은 일에도 칭찬하는 마음을 갖자.
- 칭찬은 자신감 있는 마음에서 오는 따뜻한 격려임을 믿으라.
- 칭찬하면 상대방보다 내가 못한 것이라는 생각을 버리자.
- 칭찬은 돈 들이지 않고 할 수 있는 가장 생산적인 일이다.
- 칭찬은 상대방을 기분 좋게 하고 자신에게도 기쁜 일임을 믿자.
- 칭찬도 습관이다. 칭찬할 거리를 찾자.
- 칭찬은 가장 훌륭한 용기이다.
- 칭찬은 따뜻한 삶의 에너지임을 믿으라.
- 칭찬을 하는 순간 불가능한 마음도 가능한 마음으로 변한다. 이 사실
  을 늘 마음에 품고 능동적인 자세를 갖자.
- 칭찬을 할 땐 최선을 다해 칭찬하라.

목표를 정했으면
독하게 실천하자

14
모든 성공은
실천으로부터 온다

우리들의 중요한 임무는 멀리 있는 희미한 것을 보는 것이 아니라,
가까이 있는 분명한 것을 실천하는 것이다.

토머스 칼라일

실천은 모든 일의 근본이다

어떤 일의 결과 뒤엔 그것을 이끈 실천이 있다. 실천 없이 좋은 일을
기대할 수는 없다. 어떤 일이든 저절로 이루어지는 것은 없다. 이 진리
는 하늘이 무너지고 땅이 갈라져도 결코 바뀌지 않을 것이다. 이 세상
은 순리라는 자연의 이치에 따라 움직이고, 원인을 통해 결과를 맺는
순환의 연속에 따라 존속하기 때문이다.

유태인의 교육을 함축적으로 표현한 말 가운데 "물고기 한 마리를
주면 그것으로 하루를 먹고 살 수 있으나 물고기 잡는 법을 가르쳐주

면 그것으로 일생을 먹고 살 수 있다"라는 말이 있다. 매우 적절한 표현이 아닐 수 없다. 이 말이 담고 있는 주요한 뜻은 실천의 중요성이다.

교육적 의미로 본다면, 물고기 한 마리를 주는 것은 교사가 자신이 아는 것을 학생들에게 전해주는 '지식 전수'라 할 수 있다. 이른바 주입식 교육이다. 이런 교육 방법은 다른 사람의 지식을 쉽게 전달받을 수 있는 장점은 있지만, 자신만의 창의력을 계발하는 데는 그리 큰 도움이 되지 않는다. 그러나 물고기를 잡는 법을 가르쳐주는 것은 '지혜'에 해당하고, 그것은 곧 실천을 의미한다. 내 손으로 내가 먹을 일용할 양식을 구하는 것은 실천적 행위를 말한다. 이러한 실천적 행위를 통해 창의력이 길러지는 것이다.

역사 이래 이제까지 그래왔고, 앞으로도 역시 인간은 수많은 시행착오를 거치면서 이전보다 더욱 새로운 그 무엇인가를 발견하게 될 것이다. 그러한 반복을 통해 삶을 성숙하게 만들어갈 것이다.

실천하는 자세를 기르자

예수 그리스도가 로마의 박해를 받으면서 가난하고 힘없는 자들에게 가르침과 사랑을 베푼 것은 위대한 실천적 행위였다. 석가모니가 많은 이들에게 자비를 베풀고 가르침을 준 것이나, 공자가 많은 나라를 떠돌며 그 나라의 국왕에게 백성들을 다스릴 인(仁)의 사상을 설파한 것, 그리고 소크라테스가 "너 자신을 알라"며 제자들을 가르친 것, 이이와 이황이 후학들을 양성한 것은 모두 실천적 행위에 해당하는 것이다.

내가 아무리 많은 지식을 갖고 있다 하더라도 가르침의 실천적 행위가 없다면 그것은 죽은 학문과 같다. 이러한 실천적 행위는 학문뿐만 아니라 우리 삶의 전반에 걸쳐 실행되어야 하는 가장 근본적인 것이다.

나이팅게일은 크림 전쟁의 전쟁터에 나가 간호 활동을 펼치며 실천적인 삶을 살았다. 간디는 무저항주의를 통해 영국으로부터 인도를 독립시켰다. 에이브러햄 링컨은 남북 전쟁을 종식시키고 노예를 해방시켰다. 루스벨트 대통령은 뉴딜 정책을 실시해 미국을 극심한 경제난에서 구했다. 또 베토벤이 음악으로 많은 사람에게 감동을 준 것, 콜럼버스가 파도를 헤치며 항해한 끝에 신대륙을 발견한 것에도 모두 마음속에 있는 것을 행동으로 옮긴 실천적 행위가 있었다.

수십 년 동안 소록도에서 한센 환자를 위해 헌신적으로 일생을 보내고 조국 오스트리아로 돌아간 마리안느, 마가렛 수녀의 거룩한 삶을 보라. 또한 치열한 민주 투쟁을 벌인 끝에 남아프리카 공화국을 민주화시킨 넬슨 만델라를 보라. 이런 실천적 행위는 마음속에 뜨거운 정열이 가득 차 있을 때만 가능하다.

라로슈푸코는 "사람은 그 마음속에 정열이 불타고 있을 때가 가장 행복하다. 정열이 식으면 사람은 급속도로 퇴보하고 무위하게 되어버린다"라고 했다. 그렇다. 자신이 하고자 하는 목표가 설정됐다면 반드시 그것을 이루도록 해야 한다. 그러기 위해서는 행동이 뒤따라야 하는데, 이것이 바로 실천적 행위이다. 그런데 이런 실천적 행위에 열정이 들어있지 않거나 그 강도가 약하다면, 자신의 목표를 이루기는 어렵다.

열정은 무쇠도 녹인다

자신의 목표를 성공으로 이끌고 싶은가? 그렇다면 열정을 가져라. 열정을 갖되 무쇠도 녹일 수 있는 뜨거운 열정, 그런 열정을 가져라.

남보다 앞서고, 남에게 필요한 내가 되기 위해서는 반드시 열정을 가득 안고 실천해야 한다. 실천하는 삶이 정녕 아름다운 것이다. 아름답고 성공적인 삶 중에서 실천 없이 이루어진 것은 세계사의 그 어디에서도 찾을 수 없다.

성공적인 인생을 살고 싶은가? 그렇다면 답은 간단하다. 후회하지 않게 그리고 넘치도록 뜨겁고 열정적으로 사는 것, 그런 인생이야말로 성공적인 인생이다.

실천마인드 14
실천적인 마음을 기르는 법

- 확고한 목표를 설정하라.
- 자신의 마음속에 목표를 반드시 이루어내겠다는 뜨거운 열정을 품어라.
- "나는 할 수 있다"는 말을 하루에 백 번 이상 반복하자.
- 처음엔 다소 천천히 행하라. 어느 정도 일을 파악한 후에는 좀 더 속도를 내라. 그리고 더욱 자신감을 갖고 실행하자.
- 작은 것부터 실천하는 마음을 기르자.
- 내 일은 내가 아니면 안 된다는 강한 마음을 간직하자.
- 실천적인 삶을 통해 성공적인 인생을 사는 사람을 마음의 스승으로 섬기고, 그의 실천 방법을 따라서 해보자.
- 실천에 대한 명문장을 적어 늘 소리 내어 읽어라.
- 실천적 행위를 누구나 할 수 있는 일상의 일쯤으로 여기는 마음을 가져라.
- 마음을 늘 맑게 하고 행동은 바르게 하자.

15

글쓰기와 말하는
능력 기르기

글은 그 사람 자신이다.

뷔퐁

글쓰기란 무엇인가

글쓰기는 자신의 생각을 담아내는 하나의 창조적 행위인 동시에 자신의 의견을 제시하는 수단이다. 말 또한 자신의 생각을 전달하는 수단이며 의견을 표현하는 행위이다.

이렇듯 글과 말은 사람이 살아가는 데 있어 없어서는 안 될 가장 중요한 의사전달 행위이다. 글과 말이 우리 생활에 미치는 영향과 그 중요성에 대해 알아보기로 하자.

글쓰기의 목적은 글 쓰는 이의 생각이나 느낌을 올바르게 전달하여 정확히 이해하도록 하는 데 있다. 글쓰기는 다른 사람을 위하여 내가 가지고 있는 지식이나 경험을 알려주는 보람된 일이기도 하다. 창작의 기쁨을 맛볼 수도 있으며, 나의 글을 읽는 이가 내 생각에 동의하고 감동한다면 글 쓰는 기쁨은 배가 된다.

그렇다면 좋은 글이란 어떤 것일까?

첫째, 주제가 뚜렷한 글이어야 한다. 글쓴이가 글을 통해 나타내고자 하는 중심 생각이나 하고 싶은 말을 주제라고 하는데, 이 점이 뚜렷하게 드러나야 한다.

둘째, 짜임새 있는 글이어야 한다. 글의 처음, 가운데, 끝이 잘 맞아야 좋은 글이다. 즉 글의 구성이 통일성 있게 잘 짜여야 한다.

셋째, 문법이나 맞춤법에 맞는 정확한 글쓰기를 해야 한다. 글쓰기는 여러 사람에게 내 생각을 전달하는 것이므로 읽기 편하게 쓰여야 하는 것이다.

넷째, 남의 글을 베끼거나 없는 이야기를 억지로 꾸며 쓰지 않는 진실한 글쓰기여야 한다. 글에는 거짓이 없어야 한다.

다섯째, 개성적인 글쓰기를 해야 한다. 자신만의 생각이 창의적으로 잘 나타난 글이 좋은 글이다.

좋은 글을 쓰기 위한 훈련

좋은 글을 쓰기 위해서는 그에 맞는 꾸준한 연습이 필요한데 그 방법은 다음과 같다.

많이 읽고, 많이 생각하고, 많이 써야 한다

책을 많이 읽는 것처럼 중요한 건 없다. 책을 읽다 보면 많은 지식과 정보를 습득할 수 있고, 일단 습득된 지식과 정보는 자신의 관점에서 생각하고 정리할 필요가 있다. 이렇게 하다 보면 자신의 주관적인 관점과 논리가 형성되는데, 이때 글로 써본다면 매우 효과적인 글쓰기를 할 수 있다.

사물을 세심하게 관찰하는 훈련이 필요하다

글을 잘 쓰기 위해서는 사물이나 어떤 관점에 대해 세심하게 관찰하고, 살펴보는 노력이 필요하다. 작가나 시인들은 이런 훈련에 누구보다 익숙하다. 그들은 이런 세심한 관찰을 통해 보통 사람들이 발견하지 못하는 창의적이고, 예술적이고, 능동적인 글쓰기를 하는 것이다. 따라서 좋은 글을 쓰기 원한다면 반복적이고 지속적인 관찰 훈련이 필요하다.

사물이나 어떤 관점에 대해 깊이 생각하고 정확하게 이해해야 한다

어떤 사물이나 관점에 대해 그 무언가를 발견해내려면 수박 겉핥기식의 관찰은 무의미하다. 왜냐하면 그런 자세로는 깊이 있는 생각이나, 사물이나 관점에 대한 정확한 이해가 어렵기 때문이다. 진지하고 신중한 자세로 사물이나 관점을 바라보고 생각하는 노력이 있을 때 깊은 사색을 하게 되고, 그로 인해 남들이 해내지 못하는 창의적이고 창조적인 아이디어를 발굴하여 좋은 글을 쓰게 되는 것이다.

말과 우리의 생활

말은 사람들만이 갖는 특징으로, 사람들이 만물의 으뜸이 되게 하는 값진 것이다. 또 말은 문화를 창조하고 문명사회를 이루는 힘을 가지고 있다. 따라서 개인의 숨은 능력을 절실히 필요로 하는 현대 사회에서 말이 갖는 매력과 중요성은 대단하다. 왜냐하면 자신의 생각을 논리 있게 전달하기 위해서는 분명하고 확신에 찬 말로써 자신의 모든 영향을 보여주어야 하기 때문이다.

말을 잘하기 위해서는 꾸준한 연습이 필요하다. 정확한 발음, 자신에 찬 표정, 힘 있는 목소리, 일정한 말의 속도, 필요에 따른 말의 높낮이 조절 등은 말을 잘하기 위해서 반드시 해야만 하는 연습이다. 이를

통해 말하는 자신감을 키울 수 있다.

말하기와 글쓰기

말은 머릿속의 생각을 쉽게 전달할 수 있으나, 말이 끝나는 순간 곧 사라져버려 오래 간직할 수 없는 단점을 지니고 있다. 그에 비해 글은 쉽게 생각을 전달할 수는 없으나(글 쓰는 시간이 필요하므로), 생각을 모으고 기록하고 정리하여 좀 더 효과적으로 자신의 생각을 발전시킬 수 있다. 글쓰기는 말의 부족함을 채워주면서 창조적인 기능을 한다.

글쓰기와 말하기는 모두 우리가 살아가는 데 있어 매우 중요한 것이다. 요즘 같은 인터넷 정보 문화 시대에는 그 어느 때보다도 자신의 생각을 펼치는 것이 중요한 일이 되었다. 국민 모두가 자유롭게 자신의 의견을 온라인 공간을 통해 펼쳐 보일 수 있고, 좋은 의견과 아이디어는 그것을 눈여겨보는 기업이나 사람들에 의해 상품가치로 인정받을 수 있으며, 그로 인해 자신의 입지를 얼마든지 넓혀갈 수 있는 가능성을 확보하게 된다.

뿐만 아니라 대학 입시나 기업 입사시험에서도 글쓰기와 말하기는 필수 능력이다. 이런 경쟁에서 남에게 뒤처지지 않기 위해서라도 반드시 폭넓은 독서를 통해 풍부한 상식을 기르고, 글쓰기와 말하기 연습을 지속적으로 해야 한다.

그리고 한 가지 명심해야 할 것이 있다. 프랑스 박물학자 뷔퐁이 말했듯이 글엔 그 글을 쓴 사람의 인품과 지식이 담기므로 장난삼아 글을 쓰거나 함부로 글을 쓰는 일은 없어야 하겠다.

실천마인드 15
글쓰기와 말하는 능력 기르는 법

- 자신이 느끼고 생각한 것을 꾸준히 쓰기.
- 매일 일기 쓰기(짧아도 상관없다).
- 좋은 문구는 메모해서 활용하기.
- 꾸준한 독서를 통해 사고력 기르기.
- 사물을 세심하게 관찰하기.
- 자신이 생각한 것을 주저하지 말고 말로 표현하기.
- 소리 내어 꾸준히 읽는 연습하기.
- 토론에 적극 참여하여 자신의 생각을 밝히기.
- 말을 하다 실수를 해도 당황하지 말고 양해를 구하고 끝까지 말하기.
- 말 잘하는 사람의 말과 행동을 따라서 해보기.

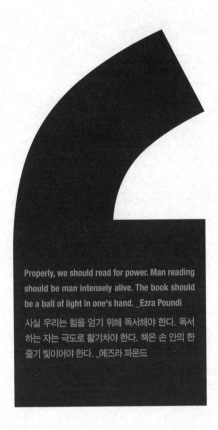

Properly, we should read for power. Man reading should be man intensely alive. The book should be a ball of light in one's hand. _Ezra Poundi

사실 우리는 힘을 얻기 위해 독서해야 한다. 독서하는 자는 극도로 활기차야 한다. 책은 손 안의 한 줄기 빛이어야 한다. _에즈라 파운드

Chapter **03**

반드시 자신만의 색깔을 갖자

자신의 이름을 분명히 알릴 수 있는 자신만의 색깔을 지녀라. 그것이 21세기를 살아가는 데 있어 자신을 브랜드화하는 최상의 방법이자 지혜이다.

16
진실한 친구 셋이면
그것으로 충분하다

아버지는 보물이며, 형제는 위안이며,
친구는 보물이기도 하고 위안이기도 하다.
벤저민 프랭클린

친구는 자신의 인격을 비추는 거울이다

필립 체스터필드는 "친구는 자신의 인격을 비추는 거울이다"라고 말
했다. 맞는 말이다. 그 사람 주변에 있는 친구들을 보면 그 사람의 인
품이나 품격을 대강이나마 알 수 있다. '끼리끼리'라는 말도 있듯이,
성격이나 취미가 비슷한 사람끼리 친구가 되는 것은 어쩌면 당연한
일이다. 서로의 사고방식에 공통점이 많으면 그만큼 쉽게 다가갈 수
있기 때문이다.

많은 사람들이 흔히 말하기를, 친구는 많으면 많을수록 좋다고 한

다. 이 또한 맞는 말이다. 친구가 많다는 것은 다양한 유형의 사람들을 고루 알게 되는 기회가 되어, 사고의 폭을 넓히는 데 도움이 되기 때문이다.

그러나 어려운 일을 겪어본 사람들은 이렇게 말한다. 진정한 친구는 어려울 때 그 빛을 발한다고. 아무 일도 없을 때는 무엇이든 다 해줄 것처럼 굴며 죽고 못 살 듯이 지내다가도, 막상 힘들고 어려운 일을 만나게 되면 주변에 남는 친구들은 별로 없다. 어려움을 겪게 된 친구가 혹시 자기에게 뭔가 부탁이라도 할까 봐 전전긍긍하며 피하게 되는 것이다.

이렇게 친구의 어려움을 외면하거나 멀리하는 친구는 진정한 친구라고 할 수 없다. 진정한 친구는 내 형편이 좋을 때나 어려울 때나 한결같이 변함없는 친구다.

조건을 따지지 않는 우정

한 귀족의 아들이 방학이 되어 시골에 놀러 갔다가 수영을 하려고 호수에 뛰어들었다. 그러나 그만 발에 쥐가 나서 물에 빠져 죽게 되었다. 귀족 소년은 살려달라고 소리쳤다. 그때 한 소년이 달려왔고, 소년은 망설이지 않고 물에 뛰어들어 그를 구해주었다.

귀족 소년은 자신의 생명을 구해준 그 시골 소년과 친구가 되었다. 방학이 끝나고 귀족 소년은 도시로 돌아왔지만, 두 사람은 계속 서로 편지를 주고받으며 우정을 키워나갔다.

어느덧 열세 살이 된 시골 소년이 학교를 졸업하자, 귀족 소년이 물었다.

"넌 커서 뭐가 되고 싶니?"

그러자 시골 소년이 대답했다.

"의사가 되고 싶어. 하지만 우리 집은 가난하고 아이들도 아홉 명이나 있어서 일을 해야 해. 둘째 형이 런던에서 안과 의사로 일하지만 아직 내 학비를 내줄 형편은 못 돼."

귀족 소년은 생명의 은인인 시골 소년을 돕고 싶었다. 소년은 아버지를 졸라 그를 런던으로 데려왔다. 결국 시골 소년은 귀족 소년 아버지의 후원을 받아 런던의 의과 대학에 다닐 수 있었다.

시골 소년은 훗날 포도당구균이라는 세균을 연구하여 페니실린이라는 기적의 약을 만들어냈다. 당시는 뇌막염이나 폐렴과 같은 박테리아에 의한 병의 치료법이 없어 많은 사람들이 고통을 당하고 있었다. 그가 발견해낸 페니실린은 바로 이런 박테리아의 성장을 억제하고 파괴하는 데 강력한 효과가 있었다.

이 사람이 바로 1945년 노벨 의학상을 받은 알렉산더 플레밍이다.

한편 그의 학업을 도와준 귀족 소년은 공부에 관심이 없었다. 그 대신 군인이 되고 싶어 육군 학교로 진학했고, 이후 정치가로서 뛰어난 재능을 보이며 26세의 어린 나이에 국회의원이 되었다.

그런 와중에 제2차 세계대전이 일어났고, 전쟁 중에 이 젊은 정치가는 그만 폐렴에 걸려 목숨이 위태롭게 되고 말았다. 그 무렵에는 폐렴에 걸리면 열에 여덟아홉은 죽게 되는 불치에 가까운 무서운 질병이었다.

이 소식을 들은 플레밍은 당장 그가 있는 전쟁터로 달려왔다. 그리고 자신이 발견한 페니실린을 이용해 만든 약으로 그의 생명을 구해 냈다. 이렇게 플레밍이 두 번이나 생명을 구해준 귀족 소년은 다름 아닌 영국의 위대한 수상 윈스턴 처칠이었다.

처칠과 플레밍의 우정 이야기는 친구를 조건에 맞춰 고르는 요즘 청소년들에게 다시 한 번 생각할 거리를 준다. 만약 처칠이 자신을 구해준 시골 소년에게 형식적인 감사만 표시하고 더 이상 관계를 이어 나갈 생각을 하지 않았다면, 자신과 형편이 다르다고 해서 친구가 될 수 없다고 생각했다면 어떻게 되었을까? 플레밍은 결국 공부를 계속할 기회를 얻지 못했을 것이다. 그랬다면 '페니실린의 발견'이라는 의학의 커다란 진보는 일어날 수 없었을 것이고, 이것은 전 세계인의 막대한 손실이었을 것이다. 또 처칠 자신도 치료를 받을 수 없어, 영국의 역사상 가장 위대한 수상 중 하나로 평가받고 존경받는 훗날의 처칠은 탄생할 수 없었을 것이다.

이렇듯 서로 조건을 따지지 않는 진실한 우정의 힘은 매우 크다. 처칠과 플레밍의 우정은 평생 동안 계속되면서 자신들의 삶에 빛과 생명을 준 것은 물론, 수많은 사람들에게도 큰 영향을 미쳤던 것이다.

많은 친구를 사귀기보단 진실한 친구를 사귀자

무조건 친구가 많다고 좋은 것은 결코 아니다. 어떤 친구를 가졌느냐가 더 중요하다.

내가 말하는 진실한 친구란 다음과 같은 친구이다. 첫째는 정신적 교감을 나누는 친구, 둘째는 내가 어려울 때 아무런 조건 없이 도움을 주는 친구, 셋째는 흉허물 없이 모든 이야기를 터놓고 지낼 수 있는 친구이다.

정신적 교감을 나눌 수 있는 친구란, 멀리 떨어져 있거나 오랜 기간 동안 만나지 않아도 늘 곁에 머무는 것처럼 편안하고 영적인 교류가 일어나는 친구를 말한다. 이런 친구 관계로는 이순신 장군과 유성룡을 들 수 있다. 이들은 무신과 문신으로 서로 가까이 지낼 수는 없었지만 그들의 생각은 늘 하나였다.

도움을 주는 친구란, 어떤 경우라도 조건 없이 친구의 어려움을 위해 자신의 것을 나누어주는 친구를 말한다. 이런 친구를 만나기는 쉽지 않지만, 그렇기 때문에 더욱 소중한 것이다. 이런 친구를 둔다는 것은 자신의 인생에 아주 값진 재산이 된다.

흉허물 없이 모든 것을 터놓을 수 있는 친구는 인생의 가장 밑바닥까지 들여다볼 수 있는 친구이기에 더없이 좋은 친구이다. 즉 서로 비밀이 없는 친구이다. 예를 들면 백사 이항복과 한음 이덕형과 같은 사이를 말한다.

이러한 진실한 친구 셋만 있으면 백 명의 친구가 부러울 것이며, 천 명의 친구가 대수겠는가? 만나면 쓸데없이 흥청망청 놀기만 하거나 조건을 따져가며 만나는 친구는 허깨비에 불과하다.

억지로 친구를 많이 사귀려고 애쓰지 마라. 진실한 친구, 나와 한 몸이 될 수 있는 친구 셋만 있다면 인생을 살아가는 데 조금도 부족함이 없다. 그런 친구를 옆에 둘 수 있다면, 시간이 지나 마지막 순간이 되었을 때 참으로 잘 살아온 삶이었다고 자신 있게 말할 수 있을 것이다.

친구는 소중하다. 그러나 모든 친구가 다 나에게 힘이 되는 것은 아니다. 많은 친구를 사귀려 애쓰거나 조바심 내지 말고, 인생에서 진정 소중한 존재가 될 진실한 친구를 만나자. 또한 자신도 누군가에게 그런 친구가 되도록 노력해야 할 것이다.

실천마인드 16
좋은 친구가 되는 법

- 상대방에게 믿음과 신뢰를 주는 사람이 되자.
- 한 번 한 약속은 끝까지 지키자.
- 친구 사이에 조건을 붙이거나 계산적으로 대하지 말자.
- 친구에게 함부로 대하는 말과 행동을 하지 말자.
- 신중하고 당당한 모습을 보이자.
- 참을성 있고 순수한 마음을 보여주자.
- 늘 새로운 정보를 습득하고 마음에 품고 다녀라.
- 작은 일에도 상대방을 칭찬하는 넉넉한 마음을 갖자.
- 사소한 일에 화내지 마라.
- 내 주장만 너무 앞세우지 말자.
- 상대방 얘기를 많이 들어주자.
- 양보하고 배려하는 마음을 보여라.
- 친절을 베풀라.
- 항상 웃는 모습으로 상대방을 대하라.
- 우쭐거리거나 예의 없는 행동을 하지 말자.
- 허풍을 떨거나 가볍게 행동하지 말자.
- 심한 장난을 걸거나 줏대 없이 굴지 말자.
- 항상 노력하는 모습을 보이자.
- 욕을 하거나 험담을 하지 말자.

17

봉사활동은 자신을 희망으로 만든다

자신의 삶이 행복하길 원한다면
먼저 남을 즐겁게 하는 법을 배우라.
M. 프라이어

우리는 행복해지기 위해 산다

대부분의 사람들은 왜 사냐는 질문 앞에서 행복해지기 위해서라고
이구동성으로 말한다. 이 세상에 태어난 이상 비참하게 인생을 살길
바라는 사람은 어디에도 없다. 그래서 많은 사람들은 행복해지기 위
해 애쓰며 자신의 청춘을 투자한다.

그런데 행복을 찾는 방법은 사람마다 다 다르다. 행복의 본질은 같
을지라도 그것을 찾아가는 방법에 있어서는 사람마다 많은 시각의 차
이가 있기 때문이다.

행복의 조건은 무엇인가

그렇다면 진정한 행복이란 무엇인지 생각해보자. 우리가 행복을 누리기 위해 필요한 조건에는 어떤 것들이 있을까?

돈이 많으면 행복할까?

첫째, 대개의 사람들은 행복의 조건으로 우선 경제적인 윤택함을 꼽는다. 돈만 있으면 행복은 저절로 굴러온다고 생각하는 사람들이 세상에는 의외로 많다. 왜냐하면 돈만 있으면 뭐든지 다 할 수 있다는 생각을 하기 때문이다.

물론 틀린 생각은 아니다. 사실이 그렇기 때문이다. 돈만 있으면 얼마든지 내가 살고 싶은 집에서 살고, 무엇이든 내가 갖고 싶은 것을 가질 수 있다. 또한 내가 원하는 사람과 결혼할 수 있는 확률도 훨씬 높아지고, 여행하고 싶은 곳을 여행할 수도 있다. 그러나 물질적인 풍요만으로 진정한 행복을 성취할 수 있다는 생각은 매우 위험하다.

《탈무드》에 이런 이야기가 나온다.

한 남자가 국왕의 신하로부터 궁전으로 들어오라는 명령을 받았다.

"아니, 무슨 일일까? 무슨 일로 궁전에 오라고 하는 걸까?"

남자는 궁금하고 두려워 도저히 견딜 수가 없었다.

그에게는 세 명의 친구가 있었다. 첫째 친구는 몹시 소중히 여기는

반드시 자신만의
색깔을 갖자

매우 친한 사이라고 생각했고, 두 번째 친구는 첫째 친구만큼 소중하지는 않지만 역시 우정을 간직하고 있었고, 세 번째 친구는 친구이긴 하지만 크게 관심을 두지 않는 사이였다. 겁이 난 남자는 이 세 명의 친구를 찾아가 도움을 청했다.

"내가 궁궐로 가야 하는데 함께 가주지 않겠는가?"

첫 번째 친구는 그의 청을 한마디로 거절했다.

"미안하지만 나는 그렇게 할 수 없네."

실망한 남자는 두 번째 친구에게 가서 같은 말로 도움을 청했다.

"그래? 궁전 문 앞까지만 같이 가주지. 그러나 그 이상은 안 되네."

두 번째 친구의 말도 남자에게 실망을 안겨주었다. 남자는 마지막으로 세 번째 친구에게 가서 똑같이 말했다. 그런데 예상하지 못한 일이 벌어졌다.

"그래? 그렇게 하지 뭐. 내가 같이 가줄게."

세 번째 친구는 흔쾌히 그의 청을 받아주었던 것이다.

"정말이지, 그 말?"

남자는 기쁨에 찬 얼굴로 외쳤다.

"그래. 너는 나쁜 일을 저지른 적이 없으니 두려워할 거 없어. 내가 같이 가서 사실대로 말해주지."

"고마워. 정말 고맙네."

남자는 세 번째 친구에게 진심으로 감사했다.

이 이야기에서 첫 번째 친구는, 아무리 소중해도 죽을 때 갖고 갈 수 없는 '재산'을 말하는 것이다. 두 번째 친구는 장지까지는 따라오지만 그곳에 그를 묻고 돌아가는 '혈육'을 말한다. 그리고 세 번째 친구는 바로 '선행'이다.

선행은 그 사람이 죽은 뒤에도 영원히 남는 친구이다. 즉 참 행복이란 물질에 있는 것이 아니라 '착하고 선한 일', 즉 남을 위해 봉사하고 헌신하는 일에 있다는 것을 말해주는 우화이다.

남들보다 높은 지위에 있으면 행복할까?

둘째로는, 남보다 높은 지위를 얻음으로써 행복을 찾으려는 사람들이 있다. 이들은 남보다 높은 지위에 오르면 많은 사람들이 자신에게 굽실 거리고 따뜻하게 대하므로, 거기에서 얻는 뿌듯함을 행복이라 여긴다.

그러나 조선 시대 퇴계 이황 선생은 벼슬을 마다하고 초야에 묻혀 후학을 양성하는 일에 평생을 바쳤다. 명예와 권력보다는, 누군가를 가르치고 후학을 양성하는 데서 자신의 행복을 찾은 것이다.

유명해지고 인기가 많으면 행복할까?

셋째로는, 명성에서 자신의 행복을 찾으려는 사람들이 있다. 사람은 누구나 마음속에 유명해지고 싶어하는 욕구를 지니고 있다. 그것은 '나는 중요한 사람'이라고 여기고 싶어하는 마음이 있기 때문이다. 미국의 철학자 존 듀이는 "인간의 염원은 중요한 사람이 되려는 욕망"이라 했고, 정신분석학자 프로이트 역시 "인간의 공통된 소원은 위대한 사람이 되는 것"이라고 했다.

인간은 누구나 VIP(very important person)가 되고 싶어하는 욕망을 품고 살아간다. 그러나 그런 심리가 너무 강해서 비뚤어진 모습으로 욕망을 분출하는 이들이 있다. 이들은 자신의 행동을 반성하기보다는 자신의 욕구에만 충실하기 때문에, 사회에 물의를 일으키는 일도 아무렇지 않게 저지른다. 그래서 연일 신문과 뉴스는 이런 비뚤어진 사람들이 벌이는 상식 이하의 사건으로 도배가 되다시피 하는 것이다.

그러나 사람의 근본은 자기 자신을 깨우치는 일, 즉 '너 자신을 아는' 일이라고 소크라테스는 말했다. 자기 자신을 찾지 못하면 아무리 유명해지고 인기 있는 사람이 되더라도 참된 행복을 찾기 어렵다. 결국 행복은 타인이 아닌 자기 자신에서 찾아야 하는 것이기 때문이다.

사랑을 실천하는 삶이 행복하다

현대 사회는 상상을 초월할 정도의 빠른 속도로 변화하고 있다. 인터넷의 발달은 세계를 하나의 울타리에 가둬놓아, 실시간으로 변화하는 세계의 흐름을 골방에 앉아 한눈에 읽을 수 있게 만들었다. 사회의 빠른 변화를 쫓아가기 위해 사람들은 컴퓨터 앞에 앉아 밤낮으로 씨름을 한다. 이로 인해 사람들의 가슴은 건조한 기계의 부품처럼 변해, 정서가 메마르고 서정성이 사라져 희로애락의 감정이 점점 무뎌지고 있다.

사람이 사람인 까닭은 감정을 품고 살기 때문이다. 그 감정 중에서도 사랑의 감정은 그 무엇보다 우선한다. 타인에 대한 사랑이라는 감정에 무뎌진 사회는 병든 사회이다. 나 아닌 남을 위해 애쓰고 도와줌으로써 얻는 사랑의 기쁨은, 자기 자신의 행복만을 추구하여 얻은 기쁨보다 훨씬 값지고, 또 그 기쁨의 크기도 더 큰 것이다.

우리 사회가 각박한 현실의 골짜기에서 거듭 흔들리면서도 이만큼 발전하고 유지할 수 있었던 것은, 한 알의 밀알이 되고 빛과 소금의 역할을 하는 사람들이 곳곳에서 사랑과 봉사를 실천하고 있기 때문이다. 어려움에 빠진 사람들을 외면하지 않는 따뜻한 마음이 이 세상을 살 만하게 만들어주는 것이다.

사람이 공부하고 일하는 목적을 그저 돈 잘 벌고 높은 지위와 명예를 얻기 위한 수단으로만 여긴다면, 그것처럼 쓸쓸하고 허무한 것은 없다. 공부의 참된 목적은 사람다운 사람, 즉 사랑을 나눌 줄 아는 사람이 되는 것에 있음을 알아야 한다.

우리는 누구나 신의 축복을 받으며 이 세상에 태어난 소중하고 거룩한 존재들이다. 그 아름답고 싱그러운 삶을 자신만을 위해 살아간다면, 그것은 신에 대한 모독이며 삶의 본질을 잃어버리는 일일 것이다.

봉사는 어려운 것이 아니다

봉사는 그리 큰일도 아니고 어려운 일도 아니다. 시간과 열정만 있으면 할 수 있는 일이다. 누구나 각자에게 맞는 일을 찾아서 하면 된다.

돈이 있는 사람은 돈을 필요로 하는 곳을 찾아 물질로 도와줄 수도 있다. 특별한 기술이나 재능이 있는 사람은 자기가 가지고 있는 재능으로 봉사를 해도 된다. 글쓰기 재능이 있는 사람은 글쓰기를 가르치는 봉사를 하면 되고, 노래를 잘하는 사람은 노래 봉사를 하면 된다. 음식 솜씨가 좋은 사람은 봉사 단체 일원으로 음식 만드는 봉사를 할 수 있고, 수화를 하는 사람은 그 재능으로 봉사하면 된다. 영어나 수학을 잘하는 사람은 불우 이웃 어린이들에게 가르치는 일로 봉사를 할 수도 있다.

봉사를 크게 생각하기 때문에 쉽게 엄두를 내지 못하는 것이다. 봉사를 하는 데는 꼭 돈이 들어가는 것이 아니다. 그런 생각 때문에 봉사를 하고 싶어도 선뜻 나서지 못하는 사람들이 많다.

　마음을 가로막는 이런 생각을 과감히 깨뜨려버릴 때 비로소 봉사하는 자세를 가질 수 있다. 봉사는 누구나 할 수 있다는 점을 잊지 말자.

실천마인드 17
봉사하는 마음을 기르는 법

- 봉사는 누구나 할 수 있다는 마음을 갖자.
- 자신이 가장 잘할 수 있는 것으로 봉사를 하자.
- 봉사는 삶의 의무라는 마음을 기르자.
- 남을 이해하고 배려하는 마음을 기르자.
- 봉사는 기쁘고 감사한 일이라 여기는 마음을 갖자.
- 봉사하는 사람들의 삶을 본받자.
- 봉사하는 사람들을 따라다니며 봉사하는 자세를 배우자.
- 삶의 가치관을 새롭게 인식하는 자세를 기르자.
- 이 세상에 태어난 것을 늘 감사하게 여기자.
- 내 도움이 필요한 누군가가 있을 거라는 마음을 갖자.

18
자신만의 색깔이
자신을 성숙하게 한다

모든 사람들이 한 방향으로만 향하고 있다면
세계는 기울어지고 말 것이다.
《탈무드》

자신만의 색깔을 가져야 한다

"모든 사람들이 한 방향으로만 향하고 있다면 세계는 기울어지고
말 것이다."

《탈무드》에 나오는 이 말은 사람들 각자 자신만의 색깔을 갖고 살아
야 한다는 것을 의미한다. 즉 개성 있는 삶을 살아야 한다는 말이다.
개성은 자신을 타인과 구별시킬 수 있는 특징을 말하는데, 이 개성이
뚜렷해야 돋보이는 삶을 살아갈 수 있다.

그런데 요즘 청소년들을 보면 트렌드에는 굉장히 민감하지만 자신

만의 색깔을 갖는 것에는 매우 취약하다. 인기 있는 연예인이 어떤 옷을 입으면 자신의 체형이나 외모와는 관계없이 그 옷을 그대로 따라 입는다. 또 누가 무엇을 어떻게 했다고 하면 그 겉모습에 취해서 따라 하기 일쑤다. 이런 따라하기는 자신의 개성을 죽이고 몰개성적인 사람으로 만든다.

현대는 자신을 브랜드화해야 하는 시대다. 이것은 인기를 먹고 사는 탤런트나 가수, 모델, 영화배우들뿐만 아니라 우리 모두에게 해당하는 일이다.

자기만의 독특한 색깔이 성공을 부른다

요즘 청소년들은 PC방에 자주 간다. PC방에서는 컴퓨터로 게임도 하고 채팅도 하고 인터넷도 한다. 그런데 왜 컴퓨터를 PC라고 하는지 알고 있는가? PC는 퍼스널 컴퓨터(Personal Computer), 즉 개인용 컴퓨터의 약자이다.

원래 컴퓨터는 국방용으로 만들어진 엄청난 규모의 기계 장치였다. 이후 개인용으로 사용이 전환되면서 크기와 모양이 현저히 작고 간편하게 바뀌었다. 그래서 컴퓨터는 퍼스널 컴퓨터, 즉 PC로 불리게 되었고, 현재 우리가 사용하는 IBM 컴퓨터를 말하게 되었다. IBM 컴퓨터가 대표적 PC가 된 것은 제작사인 마이크로소프트사가 PC 시장을 최종적으로 장악했기 때문이다.

그런데 디자인에 관심이 있는 청소년이라면, IBM 컴퓨터 외에 디자이너들이 사용하는 '매킨토시'라는 컴퓨터가 있다는 것을 알고 있을 것이다. 이 매킨토시 컴퓨터는 지금은 아이폰으로 유명한 애플사에서 나오는 기종이다.

초기 PC 시장에서 애플사는 먼저 시장에 뛰어든 마이크로소프트사와 라이벌 관계였다. 오히려 늦게 출발한 애플사가 더 앞서 나가고 있었다. 1984년, 이 애플사의 공동 설립자인 스티브 잡스는 매킨토시를 복잡한 컴퓨터 언어가 아닌 일상의 언어를 이용해서 사용할 수 있도록 개발하였다. 이것은 사람들이 알 수 있는 방식으로 작동하기 시작한 최초의 컴퓨터였다. 이것이 큰 호응을 얻어 매킨토시는 나오자마자 전 세계 개인용 컴퓨터 매출의 20퍼센트를 장악해버렸다.

그러나 이후 IBM 계열의 컴퓨터들이 부품을 서로 호환할 수 있도록 개발하고 가격을 대중적으로 낮추는 등 진화를 거듭한 데 반해, 애플사는 강력한 카리스마를 가진 창업자 스티브 잡스를 경영진에서 쫓아내고 애플사만의 비밀주의를 고수했다. 결과적으로 애플사는 이후의 새로운 모델마다 가격이 비싸고 호환도 되지 않는 불편함 때문에 대중들에게 외면당하고 고전하게 되었다.

애플사는 다시 스티브 잡스에게 도움을 청했다. 결국 1997년, 스티브 잡스는 지금은 전설이 된 1달러의 연봉을 받고 애플의 CEO로 재취임하였다. 돌아온 스티브 잡스는 1997년 8월, 보스턴 맥월드엑스포에서 최초로 대중들에게 모습을 드러냈다.

잡스의 연설이 시작되자 대형 스크린에는 빌 게이츠의 모습이 비쳤다. 순간 침묵하는 군중들 앞에서 잡스는 이렇게 말했다.

"우리는 애플이 이기기 위해 마이크로소프트가 져야 한다는 생각을 버려야 합니다. 내가 아는 한, 마이크로소프트와 애플이 서로 경쟁하는 시대는 지났습니다."

잡스는 애플사의 구조를 전격 재조정하여 1년도 되지 않아 적자에서 흑자로 전환시켰다. 그리고 소프트웨어부터 하드웨어까지 모두 자체 제작하고자 했던 기존의 비밀주의 원칙을 깨고, 마이크로소프트와 동맹을 맺어 마이크로소프트로 하여금 매킨토시 버전의 소프트웨어를 제작하게 했다.

그리고 잡스는 이미 세계 시장을 점유한 IBM과 똑같은 요소, 즉 편리한 호환과 싼 가격으로 승부하는 대신, 매킨토시의 기능이 디자인에 강하다는 특성을 부각시켜, 컴퓨터 디자인 자체를 독특하게 개발하였다. 이러한 차별화 노력으로 결국 IBM과 비교하여 몇 배가 넘는 비싼 가격에도 불구하고 다시 한 번 대중들에게 매킨토시를 필수품으로 인식시키는 데 성공했다.

또한 음악 데이터베이스 관리에 눈을 돌려 아이튠즈라는 소프트웨어를 개발하였고, 2001년에는 개인용 뮤직 플레이어인 아이팟을 개발하였다. 아이팟 역시 같은 기능의 타사 제품들과 비교해 터무니없이 높은 가격대와 호환되지 않는 프로그램의 불편함에도 불구하고, 사용자 편의적 디자인과 뛰어난 모양으로 인해 얼리어댑터들 사이에 추종자를 양산해냈다. 2003년에는 이 아이팟이 크리스마스 필수 선물이 되는 대히트를 기록했다.

결국 애플사는 아이팟으로 2005년 MP3 뮤직 플레이어 시장에서, 팔린 대수로는 33퍼센트, 금액으로는 51퍼센트를 점유하였다. 비싸고 불편하다는 상품으로서 최악의 핸디캡도, 가지고 싶을 만큼 뛰어난 제품 디자인과 강화된 특유 기능이라는 애플사의 강력한 개성 앞에서는 문제가 되지 않았던 것이다.

개성으로 자신을 브랜드화하라

B라는 음악 학원이 있었다. B학원은 언제나 수강생들로 북적거렸다. 이유는 B학원 원장 선생님의 독특한 수업 방법 때문이었다.

그녀는 학원 경영과 관계없어 보이는 자신의 특이한 재능을 학원 운영에 접목시켜 활용하였다. 그녀는 매일 10분씩 아이들에게 유명한 일화나 동화 등의 이야기를 들려주었다. 그녀는 좀 더 재미있게 이야기를 해주기 위해 동화 구연을 배웠고, 동화구연가라는 타이틀까지 얻었다.

어린이들은 선생님의 이야기가 너무 재미있어, 나중에는 피아노를 배우는 것보다 이야기 듣는 것을 더 좋아할 정도였다. 그녀의 구연동화를 들은 어린이들은 즐거운 마음으로 피아노를 배웠다.

"원장 선생님, 재밌는 이야기 들려주세요!"

어린이들은 학원 문을 열고 들어올 때마다 이렇게 소리쳤다.

"그래, 알았어요. 오늘은 더 재미있는 이야기를 들려줄게요."

"야! 신난다. 우리 원장 선생님 최고!"

그녀의 개성 있는 학원 운영은 많은 학부모들에게도 믿음을 심어주었고, 결국 그녀의 학원은 인근 학원들이 부러워할 정도로 많은 수강생들로 붐볐다.

이처럼 개성이란 나와 타인을 구별 짓게 한다. 스티브 잡스나 B학원 원장의 독특함은 남들이 생각해내지 못한 특별한 아이디어가 만들어낸 것이다.

개성, 자신을 강하게 인식시키는 자신만의 색깔. 이 색깔이 분명할 때, 보다 나은 삶을 살게 되고 그만큼 성취도 커지는 것이다.

트렌드를 무시할 수는 없다. 그러나 트렌드를 무조건 따라 하지는 말아야 한다. 자신의 이름을 분명히 알릴 수 있는 자신만의 색깔을 지녀라. 그것이 21세기를 살아가는 데 있어 자신을 브랜드화하는 최상의 방법이자 지혜이다.

반드시 자신만의
색깔을 갖자

실천마인드 18

자신만의 색깔을 기르는 법

- 자기다운 것을 찾아 계발시킬 것.
- 타인과 다른 그 무엇을 반드시 가려내 나만의 것으로 삼을 것.
- 남의 것을 무조건 따라서 하지 말 것.
- 트렌드가 반드시 좋은 것이라는 선입견을 버릴 것.
- 독특한 것을 위해 창의력을 키울 것.
- 성취욕을 갖고 꾸준히 탐색하고 연구하는 마음을 기를 것.
- 자신의 장점을 찾아 자신을 브랜드화할 것.
- 내가 하는 일이 자신은 물론 타인에게 유익을 준다는 생각을 할 것.
  그리고 그 일을 위해 최선을 다할 것.
- 모든 것이 한쪽으로 치우치면 특징이 없다는 생각을 품고 생활할 것.
- 남의 것을 배격하기보다는 그것을 통해 나만의 색깔을 찾을 것.

19
높은 곳만 바라보며
내 앞의 행복을 놓치지 말자

사람들은 멀고 높은 곳만 바라보는 버릇이 있기 때문에
정작 발치에 뒹굴고 있는 행운은 볼 줄 모른다.
핀다로스

환상은 환상일 뿐이다

사람들은 보편적으로 높은 곳만 올려다보며 살려고 한다. 높은 곳
이란 다의적인 뜻을 가진 말이다. 높은 지위, 좋은 집, 커다란 부, 빛나
는 명성을 가리키는 말이라고 할 수 있다.

'높은 곳'이 누구나 바라고 원하는 자리인 것은 분명하다. 그런데 문
제는 높은 곳만 바라보고 나가면 좌우를 살피지 못하고 앞뒤를 분간
하지 못하는 우를 범할 수 있다는 것이다. 사람이 사람일 수 있는 것은
사물의 이치를 분간하고 옳고 그름을 판단할 수 있기 때문이다.

무지개에 관한 재미있는 이야기가 있다.

많은 사람들이 무지개의 찬란한 아름다움에 빠져 그것을 쫓기 위해 산을 넘고 들을 지나고 강을 건넜다. 사람들은 저마다의 꿈에 부풀어 앞뒤 생각은 전혀 하지 못하고 오직 찬란히 빛나는 무지개만 쫓아갔다. 무지개를 손에 쥐었을 때를 생각하며 환상에 부풀어 있었다.

"아, 아름답고 찬란한 저 무지개! 저 무지개만 있다면 내 인생은 새롭게 변할 것이다. 무지개여! 오, 고운 내 무지개여, 나에게 와다오. 그 어느 누구에게도 아닌 나에게 와다오. 나의 빛나는 무지개여!"

사람들은 저마다 이렇게 부르짖으며 무지개를 향해 달려갔다. 그러나 한 달이 지나고, 1년이 지나고, 10년이 지나고, 더 긴 시간이 지났지만 그 누구도 무지개를 손에 넣을 수 없었다. 무지개는 손에 잡힐 듯 가까이 있다가도 다가가면 저만치 멀어졌다.

그동안 대부분의 사람들은 무지개를 포기하고 본래의 자리로 돌아갔다. 그러나 한 소년은 포기하지 않고 끝까지 무지개를 쫓아갔다. 그러나 도무지 무지개는 잡히지 않았다.

어느새 소년의 머리는 하얗게 변하고, 곱고 귀염성 있던 얼굴은 쭈글쭈글해졌다. 할아버지가 된 소년은 그때서야 무지개란 손에 잡을 수 없는 것이란 사실을 깨달았다. 소년은 자신의 어리석음에 대한 허무함과 쓸쓸함으로 뜨거운 눈물을 흘려야 했다.

거저 얻는 행복이란 뜬구름과 같아 손에 잡힐 듯하지만 잡히지 않는 것이다. 그것은 무지개의 환상에 불과하다.

겸허한 마음 자세를 갖자

민형은 일류 대학을 나왔다. 그의 가슴은 미래에 대한 열망으로 가득 차 있었다. 남보다 좋은 위치에 올라 명성과 부를 쌓아 올리는 꿈을 꾸며 입가에 미소를 짓곤 했다.

그는 이력서를 내는 곳마다 합격이 되었다. 그는 자신의 꿈을 가장 잘 펼쳐나갈 수 있는 곳을 택해 취직을 했다. 그는 탄탄한 실력을 갖춘 데다 능동적이고 진취적이어서 금방 동료들과 어울렸고, 상사들에게도 신임을 얻었다.

"조민형 씨, 조민형 씨를 보면 내 젊은 날이 생각나는군. 내게도 조민형 씨 같은 푸른 시절이 있었는데 어느새 50을 지나고 있으니, 참, 세월이란 게 무섭구먼. 조민형 씨, 열심히 해보게. 자넨 내가 보기에 무한한 가능성을 지닌 재목일세."

본부장은 회식 자리에서 민형에게 격려의 말을 건넸다. 그의 말 속엔 부하 직원을 아끼는 마음이 아버지의 그것과 같이 따스하게 출렁거렸다.

"감사합니다, 본부장님. 저는 본부장님 나이 때 더 큰 자리에 올라 있을 겁니다."

민형은 이렇게 말하며 환하게 웃었다.

"그래? 암, 그래야지. 남자라면 적어도 그 정도의 배짱은 있어야지."

본부장은 당돌하기 짝이 없는 철부지 부하 직원을 넌지시 바라보며 끝까지 격려의 말을 잊지 않았다.

민형은 열심히 노력한 끝에 입사 동기들 중 선두 주자로 승진에 승진을 거듭했다. 그가 맡고 있는 프로젝트는 매우 중요한 것이었다. 그는 팀장으로서 막중한 임무를 띤 것에 대해 자부심을 느꼈다. 그러나 그 자부심이 지나쳐 동료나 상사들에게 위태롭게 보일 때가 한두 번이 아니었다. 그는 어디에서나 항상 우쭐거렸고 자신이 아니면 곧 회사가 망하기라도 할 것처럼 떠들어댔다. 그는 초심을 잃고 기고만장한 사람으로 변해 있었다.

그러던 어느 날 그에게 유혹의 손길이 뻗쳐왔다. 라이벌 관계에 있던 회사에서 그에게 파격적인 조건의 대우를 제시해온 것이었다. 그조건이 썩 마음에 든 그는 망설임 없이 상대 회사의 스카우트 제의를 받아들였다.

"조 팀장, 사람이 어떻게 그럴 수가 있는가? 회사가 자네에게 들인 공이 얼마인가. 자넨 항상 입사 동기들보다 앞서왔네. 이번 프로젝트만 잘 매듭지으면 자네의 앞길이 훤히 열릴 걸세."

본부장은 그를 붙잡고 설득했다. 그의 말 속엔 민형을 아끼는 따뜻한 마음이 들어 있었다. 위태롭게만 보이는 부하 직원의 행동에 대해 인생의 선배로서 염려하는 말이었다. 그러나 민형은 본부장의 충고를 아랑곳하지 않았다.

그는 상대 회사에 박수를 받으며 당당하게 입성했다. 그때까지만 해도 그의 앞길은 탄탄대로로 보였고 무엇 하나 걸릴 것이 없어 보였다. 그러나 회사를 옮긴 지 2년이 채 되지 않아 그는 회사로부터 쫓겨나고 말았다. 그가 회사를 옮겨 추진하던 프로젝트가 전 회사의 프로젝트에 막혀 패배를 하고 만 것이다. 회사는 실패의 책임을 물어 그를 해고했다.

민형은 그제야 자신의 경솔했던 지난날이 후회되었다. 높은 곳만 올려다보고 달려온 자신이 그동안 얼마나 오만했는지를 느끼며 뼈아픈 회한이 들었다. 자신만 잘나고 똑똑하다고 생각한 그가 비로소 낮은 곳을 보지 못했던 자신의 어리석음을 깨달았던 것이다.

불필요한 욕심을 버려라
우리 주변에는 자신의 처지를 생각하지 못한 채 높은 곳만 바라보고 위험한 행군을 감행하는 사람들이 의외로 많다. 이것은 매우 위험한 행동이지만, 사람들은 낮은 곳으로 눈을 돌릴 줄 모른다.

낮은 곳으로 눈을 돌리는 것은 결코 부끄러운 일이 아니다. 낮은 곳으로 눈높이를 맞추는 것은 자신을 보다 더 깊이 통찰할 수 있는 계기를 만들어줌으로써 더 나은 미래를 일구어갈 수 있도록 도와준다.

나폴레옹은 "사치한 생활에서 행복을 구하는 것은 마치 태양을 그려놓고 빛이 비치기를 기다리는 것이나 다름없다"라고 했다. 높은 곳만 올려다보는 것은 마음속에 사치스러운 마음, 허영에 들뜬 마음이 둥지를 틀고 있기 때문이다. 참된 행복은 자신의 눈높이에 맞춰 일을 해나갈 때 더 가까이 다가온다.

불필요한 욕심을 버려라. 욕망이 크면 클수록 헛된 삶을 살아갈 확률이 그만큼 더 큰 법이다. 그러기 위해서는 높은 곳보다는 낮은 곳을 바라보는 눈을 가져야 한다.

실천마인드 19
낮은 곳을 바라보는 마음 자세 기르는 법

* 겸허한 마음으로 사람들을 대하자.
* 자기보다 못한 사람을 깔보지 말자.
* 우쭐거리는 마음이 들 땐 자신에게 스톱을 걸어라.
* 낮은 자세는 좋은 인상을 심어준다는 것을 기억하라.
* 높은 곳만 바라보면 교만한 마음이 생긴다는 것을 잊지 말자.
* 배려하는 마음을 가지면 낮은 자세를 갖게 된다.
* 불필요한 욕심을 버려라. 불필요한 욕심이 헛된 마음을 키운다.

20
책임감은 가장 확실한
성공의 보증 수표다

책임과 권위는 동전의 양면과 같다.
권위가 없는 책임이란 있을 수 없으며
책임이 따르지 않는 권위도 있을 수 없다.

막스 베버

책임감은 신뢰를 낳는다

책임감 있는 사람을 보면 왠지 믿음이 가고 신뢰하는 마음이 생긴
다. 저 사람한테 일을 맡기면 걱정이나 뒤탈이 없을 것 같은 생각이 드
는 것이다. 그런 사람에게 무슨 일이든 다 맡기고 싶은 마음이 드는 것
은 지극히 당연한 일이다.

조그만 창고 건물을 세내어 기계 부품을 만드는 K라는 사람이 있었
다. 그는 직장 생활 10년 만에 그동안 알뜰살뜰 모은 돈과 얼마 안 되
는 퇴직금으로 어렵게 공장을 차렸다. 그리고 만에 하나 잘못되는 날

엔 온 식구가 거리에 나앉는다는 각오로 일에 매달렸다.

그에겐 신념이 있었는데 '어떤 일이 있더라도 자신에게 주어진 일엔 책임을 다하자'라는 것이었다. 그는 근면과 성실한 마음으로 대기업의 하청을 따냈다. 그가 일을 따낸 회사는 그가 10년 동안 몸담고 있던 회사였다. 평소 그를 눈여겨본 공장장이 회사에 그를 적극 추천했던 것이다. 사실 그 회사의 하청을 따내기 위해 여러 회사에서 로비 활동을 펼치며 돈과 선물로 환심을 사기 위해 온갖 노력을 다 기울였다. 그러나 돈이 없던 그는 책임감과 성실로써 보답하겠다는 말밖에 할 수 없었다. 그의 딱한 사정을 알고 있던 공장장은 사장과 임원진에게 그를 적극 추천했던 것이다.

"사장님, 그는 우리 회사에서 10년 넘게 근무한 직원입니다. 제가 지켜본 그는 매우 성실하고 책임감 있는 직원이었습니다. 우리 회사가 부도 위기에 처해 큰 어려움을 겪고 있을 때 다른 직원들은 모두 떠났지만 김 과장은 끝까지 남아 회사를 지켰던 사람입니다. 그를 믿어도 좋습니다. 한번 일을 맡겨보시지요."

"그래요? 윤 공장장이 그토록 그를 신임한다면 어디 한번 믿어봅시다."

사장은 빙그레 웃으며 공장장의 청을 흔쾌히 들어주었다. K는 그 소식을 전해 듣고 밤잠을 이루지 못하고 기뻐했다.

그는 남보다 한 시간 일찍 일어나고 두 시간 늦게 잠자리에 들었다. 부족한 일손을 덜기 위해 그는 직접 트럭을 운전하고 물건을 배달했다. 그에겐 흔해 빠진 중고 승용차도 없었다. 그는 늘 작업복을 입고 다녔다. 그래서 외부 사람들은 그가 사장인지 직원인지 잘 모를 정도였다.

그는 늘 주문받은 물량을 미리미리 챙겨서 배달했기 때문에, 그에게서 물건을 공급받는 회사는 그를 매우 신임했다. 이윽고 그는 좀 더 큰 건물로 공장을 옮기고 직원 수도 처음보다 두 배나 늘어나게 되었다.

한 번 맺은 신뢰는 견고한 성과 같다

그러던 어느 날 그는 한 통의 전화를 받았다. 물건을 공급하는 회사에서 상의할 일이 있으니 급히 들어오라는 전화였다. 그는 하던 일을 미루고 쏜살같이 달려갔다.

"김 사장, 우리가 이번에 새로운 프로젝트를 추진하고 있네. 그런데 그 프로젝트를 실행하기 위해서는 김 사장네 기계 설비를 새로 설치해야 하는데, 문제는 돈이 많이 든다는 것이네. 김 사장, 그렇게 할 수 있겠나?"

공장장은 그의 처지를 잘 아는 까닭에 조심스럽게 말을 꺼냈다. 기계를 재설비하려면 막대한 돈이 들기 때문이었다. 공장장의 말을 들은 그는 잠시 동안 깊은 생각에 빠졌다. 지금 갖춘 시설로도 다른 회사와 거래하면 아무 문제 없이 해나갈 수 있는데 굳이 큰 무리를 하면서까지 기계 설비를 바꿔야 할 이유가 없었다. 잠시 동안이지만 그는 갈등에 싸였다. 그러나 그는 길게 생각하지 않고 밝게 웃으며 입을 떼었다.

"잘 알겠습니다, 공장장님."

"그래? 그렇게 하겠는가? ……그러면 자네 손해가 이만저만이 아닐 텐데. 그렇게 무리를 해서 괜찮겠나?"

공장장은 그의 결정이 무척 반가웠지만 한편으로는 그의 처지가 걱정되었다.

"네, 공장장님. 공장장님이 절 믿고 일을 맡기셔서 제가 지금처럼 되지 않았습니까? 저는 공장장님과 이 회사를 믿습니다."

"그래? 고맙네, 김 사장. 자네 결단을 존중해서 일을 잘 처리하겠네."

"감사합니다, 공장장님."

그는 회사로 돌아와 미련 없이 기존의 기계를 걷어내고 대출을 받아 새로운 기계로 교체하였다. 그런 그를 보고 친구들이나 주변 사람들은 융통성 없는 사람이라고 수군거렸다.

"이 친구야, 빚까지 내서 꼭 그렇게 해야 할 이유가 어디 있나? 자넨 그렇게 하지 않아도 잘살 수 있을 텐데."

그가 기계를 교체한다는 말을 들은 가장 친한 친구까지도 그를 극구 만류했다.

"염려해줘서 고맙네. 그러나 사람이란 도리를 지킬 줄 알고 책임감이 있어야 한다고 나는 생각하네. 지난날 그 사람들은 보잘 것 없는 날 믿어주었네. 이번엔 내가 그들을 믿어주어야 하네. 그게 내 도리이고 그들에게 내가 보여줄 수 있는 또 다른 책임이라고 생각하네."

그는 자신을 진심으로 걱정해주는 친구에게 부드럽게 웃으며 말했다. 그의 얼굴엔 믿음과 신뢰에서 오는 편안함이 있었다. 그런 그를 보고 친구가 말했다.

"그래? 자네의 뜻이 그렇다면 그렇게 하게. 난 자넬 믿네. 그리고 자넨 참 대단한 사람이야. 사람의 도리를 그토록 소중히 여기다니."

책임감은 가장 확실한 성공의 보증 수표다

그후 K는 변함없는 성실함과 책임감으로 돈독한 믿음과 신뢰를 쌓아나갔다. 그런 그를 믿고 회사에선 전폭적으로 그에게 일을 맡겼다. 시간이 흘러 그의 공장은 넓은 대지 위에 최신 건물을 지었고 직원 수도 처음보다 열 배나 늘어난 탄탄한 중소기업이 되었다.

아무것도 없이 성실함과 책임감을 무기로 한 K의 노력은 아름다운 결실을 맺었다. 자신의 이익을 위해서라면 믿음과 신뢰를 손쉽게 무너뜨리는 수많은 현대인들 사이에서 그의 행동은 좋은 본보기가 된다.

이렇듯 책임감을 갖는다는 것은 상대방에 대해 자신의 믿음과 신뢰를 보증할 수 있는 가장 확실한 증표일 뿐만 아니라, 성공을 약속하는 보증 수표와도 같다.

실천마인드 20
책임감을 기르는 법

- 한 번 한 약속은 꼭 지키도록 노력하자.
- 내가 아니면 안 된다는 책임 의식을 가슴에 품자.
- 한 번 받은 믿음은 끝까지 지키자.
- 책임감은 인간의 도리라는 생각을 갖자.
- 성실한 마음 자세를 갖고 생활하자.
- 상대방을 믿으면 상대방도 나를 믿는다는 신뢰의 마음을 갖자.
- 무슨 일이든 대충 한다는 생각을 버리자.
- 상대방이 나를 믿을 수 있도록 책임감 있게 행동하자.
- 어떤 일이 자신에게 주어졌을 때 남에게 미루지 말자.
- 그 일에 자신이 적격이라는 적극적인 마음을 갖자.

21
마음의 여유를 갖고
느리게 사는 법 배우기

위대한 결과란 당장에 얻을 수 있는 것이 아니다.
그러므로 우리는 한 걸음 한 걸음 전진하는 데 만족해야 한다.
사무엘 스마일즈

급한 길도 돌아가자

"어떤 높은 곳도 인간이 올라갈 수 없는 곳은 없다. 그러나 결심, 자
신감, 그리고 근면으로 그곳에 올라가지 않으면 안 된다."

안데르센의 말이다.

또 에디슨은 이런 말을 했다.

"결코 시계를 보지 마라. 이것이 젊은이들에게 하고 싶은 나의 충고
다."

모든 일엔 질서와 순리가 있는 법이다. 그 어떤 일이든 한순간에 이

반드시 자신만의
색깔을 갖자

루어지지 않는다. 급히 서두른다고 해서 일이 빨리 성사되는 것도 아니고, 여유를 갖고 천천히 한다고 해서 늦게 이루어지는 것도 아니다.

"급히 먹는 밥에 체한다", "급한 길도 돌아가라"는 옛말도 있다. 바쁘게 현대를 살아가는 사람들에게 참으로 의미 있는 메시지가 아닌가 한다.

사실 현대인들을 보면 어른 아이 할 것 없이 모두가 한결같이 바쁘게 움직인다. 왜 그렇게 바쁘게 행동하고 뒤를 살필 겨를도 없이 살아가느냐고 물으면, 시대의 흐름에 뒤처지지 않기 위해서라고 아주 그럴듯하게 대답한다. 물론 그 말에도 일리는 있다. 하지만 그것이 다른 문제를 야기한다는 것을 간과해서는 안 된다.

모든 것을 '빨리빨리' 해야 한다는 생각이 팽배해지다 보니 도무지 참을성이란 게 없어지는 것 같다. 음식점에 가서도 주문한 지 5분도 되지 않아 짜증을 내며 재촉해댄다. 또 기다리는 것을 갑갑하게 느낀다. 아이를 학원에 보내면 바로 성적이 오르기를 바란다. 조금이라도 성적이 오르는 기미가 보이면 그 학원 괜찮다고 여기저기 소문을 내고, 그렇지 못하면 그 학원 별거 아니라고 말한다.

아이들은 또 어떤가. 어른들에게 배운 것을 그대로 따라서 한다. 뭐든지 속도전이다. 인터넷 언어라는 것을 보면 빠른 시간에 자신의 의사를 전달해야 한다는 구실로, 언어가 무차별적으로 파괴되고 있다. 그리고 핸드폰으로 보내는 40글자짜리 단문 문자 메시지의 영향으로,

문장이 조금만 길어도 거북해하고 독해력이 떨어진다. 다시 말해 사물이나 어떤 관점에 대해 깊이 사색하는 것을 어려워하고 힘들어한다는 것이다. 그렇다 보니 논리력이 부족하고 통찰력이 떨어져 긴 문장을 제대로 쓰는 학생들이 드물다.

사람들은 마음에 여유가 없고 마치 무엇에 쫓기는 듯하다. 이런 현상은 개인을 극단적 이기주의자로 만들고 삶의 본질을 잃게 한다. 어떻게 사는 것이 인간답게 사는지에 대한 물음에도 매우 무감각해진다. 이 모든 것이 '빨리빨리' 문화가 만들어낸 부산물인 것이다. 뭐든지 남들보다 빨라야 잘하는 것으로 아는 그릇된 가치관, 이 변질된 삶의 가치관을 하루빨리 되돌려야 한다.

느리게 산다는 것의 의미

《탈무드》에 보면, "인간은 자주 일손을 멈춤으로써 도리어 큰 것을 만들어낸다"라는 말이 있다. 이는 유태인의 휴식하는 방법을 알려준다.

"화가가 그림을 그릴 때는 자주 그림에서 떨어져 그 대상을 보아야 한다"는 말도 있다. 그래야만 다각적인 구도나 사물의 형상을 폭넓게 이해할 수 있어 더 좋은 그림을 그릴 수 있기 때문이다. 매우 일리 있는 말이다.

"나무는 보고 숲은 보지 못한다"는 말도 있지만, 눈앞의 일에만 열중하는 것이 성공의 비결은 아니다. 때때로 갖는 휴식이야말로 자기 충전의 시간이 되고, 자신을 돌아볼 수 있는 자아 재발견의 기회가 된다.

느림의 철학을 고수하는 프랑스 철학자 피에르 쌍소의 《느리게 산다는 것의 의미》에는 다음과 같은 구절이 나온다.

느림. 내게는 그것이 부드럽고 우아하고 배려 깊은 삶의 방식으로 보인다. 반대로 기다리기 싫다는 이유로 점심시간 종이 울리기가 무섭게 구내식당으로 달려가거나, 수업 시간에도 정신없이 뛰어가 맨 앞자리에 앉아야만 직성이 풀리고, 상위권의 성적을 유지하기 위해서 도서관으로 어디로 항상 종종걸음 치곤 하던 친구들의 태도는 왠지 신경에 거슬렸다. 그런 친구들은 언제나 빨리 어른이 되고 싶어했다. 그래서 옷도 어른들처럼 입으려 했고, 어른들처럼 권위를 부리고 싶어했다. 그러나 한 번 소홀하게 넘어간 유년기는 영원히 소멸되고 돌아오지 않는 법인데……

그 역시 많은 갈등을 겪었지만 그는 자신이 택한 삶의 방식에 대해 이렇게 말했다.

그러나 나는 내 길을 선택하기로 했다. 바로 느림이라는 존재의 영역이다. 나는 굽이굽이 돌아가며 천천히 흐르는 로 강의 한가로 움에 말할 수 없는 애정을 느낀다. 그리고 거의 여름이 끝나갈 무렵, 마지막 풍요로움을 자랑하는 끝물의 과일 위에서 있는 대로 시간을 끌다가 마침내 슬그머니 사라져버리는 9월의 햇살을 몹시 사랑한다. 또한 시간의 흐름에 따라, 얼굴에 고귀하고 선한 삶의 흔적을 조금씩 그려가는 사람들을 보며 감동에 젖는다.

오늘 내가 왜 살고 있는지조차 느끼지 못하며 살아가는 현대인들에게 매우 감동적이고 절실한 얘기가 아닐 수 없다.

마음의 여유를 갖고 사는 지혜

돈과 사회적 지위를 버리고 여유 있는 삶을 찾아 나서는 유럽인이 급증하면서, 이런 부류의 사람들을 지칭하는 '다운시프트 족(Down-Shifters)'이란 신조어가 생겨났다. 이는 '저속 기어로 전환한다'는 뜻의 '다운시프트'에서 따온 말로, 앞으로만 내닫는 삶에서 한발 물러나 삶의 가치를 새롭게 돌아본다는 의미를 담고 있다.

뉴질랜드 〈헤럴드〉지는 영국의 시장조사 기관인 데이터모니터의 조사 보고서를 인용하여, 영국에만 다운시프트 족이 300만 명에 달한다고 보도했다. 2003년 통계를 보면 유럽의 다운시프트 족은 1,200만 명에 이른다. 참으로 놀라운 일이 아닐 수 없다.

우리보다 앞서 나간 선진국 사람들이 보여주는, 삶에 대한 변화한 가치관은 우리에게 많은 것을 시사해준다. 참다운 삶이란 결국 부유함에 있는 것이 아니라 참다운 삶의 마음, 즉 여유롭고 자애롭고 넉넉한 삶의 가치에 있음을 알게 한다.

먼저 달려간 말이 반드시 승리하는 것은 아니다. 뒤에서 달리던 말이 앞의 말을 앞지를 수도 있다. 우리의 인생도 마찬가지다. 아득바득 기를 쓰며 사는 것보다 인간답게 사는 것이 더 중요하다.

인간답게 산다는 것은 간단한 일이 아니다. 나보다 못한 사람들을 돌아볼 줄 알아야 하고, 도움이 필요한 사람들에게 따스한 손을 내밀 줄 알아야 하며, 지치고 힘든 이들에게 자신의 어깨를 빌려줄 줄 알아야 한다. 이런 삶이야말로 나의 가치를 한껏 높여줄 뿐 아니라 인생을 보람 있는 삶의 기록으로 남게 한다.

10대들이여, 꿈을 갖고 부지런히 살아가되 마음의 여유를 갖고 때때로 인생의 앞과 뒤, 좌우를 살피며 돌아볼 줄 아는 사람이 되자. 그리하여 넉넉하고 자애로운 삶의 승리자가 되자.

실천마인드 21
여유 있는 마음을 갖는 법

- 늘 사물에 대해 사색하고 관조하는 마음을 기르자.
- 때때로 남을 위해 땀을 흘리는 일에 힘쓰라.
- 급히 서두르는 마음을 버리자.
- 매사를 여유롭고 넉넉한 마음으로 바라보자.
- 아무리 급한 일을 만나도 당황하거나 속단하지 말자.
- 중요한 결정을 할 땐 한 번 더 생각하는 마음을 갖자.
- 참다운 인생은 물질적으로 부유하게 사는 것이 아니라 마음의 부자 가 되는 것이라 생각하자.
- 이 세상에 극단적인 일은 없다. 그러니 극단적으로 생각하는 마음을 버리자.
- 이 세상에 존재하는 모든 일은 순리를 따라 움직인다. 순리를 벗어나는 일은 그 어디에도 없다. 늘 이런 마음을 품고 모든 일을 대하자.
- 시계를 보지 말라고 한 에디슨의 말을 곰곰이 생각해보자.

22
도전정신과
자신감 키우기

우리가 계획한 사업을 시작하는 데 있어서 신념은 단 하나이다.
"지금 그것을 하라." 이것이 우리 모험의 성공을 보증할 것이다.

윌리엄 제임스

도전정신을 길러야 한다

인류의 역사를 한마디로 표현한다면 도전의 역사라고 할 수 있다.
인류는 위기에 처할 때마다 지혜와 도전정신으로 그 시련을 극복하고
오늘이란 시간을 우리에게 물려주었다. 만약 그들이 위기와 시련 앞
에 굴복하고 포기했더라면 오늘의 인류는 없었을 것이다.

도전정신은 이렇게 거국적인 의미가 아니더라도, 각 개인에게 아주
중요한 삶의 요소이다. 도전정신을 가슴에 품고 실천하는 것에 따라
인생의 방향이 달라진다.

강한 자신감은 도전정신의 원천

그렇다면 도전정신은 어디에서 오는 것일까? 도전정신은 강한 자신감에서 온다. 강한 자신감이야말로 도전정신을 키우는 일급 요소인 것이다.

서양 속담에 "로마는 하루아침에 이루어지지 않았다"라는 말이 있다. 이 말이 의미하는 것을 생각해보자. 막강한 힘을 갖고 찬란한 문화를 꽃피운 로마 제국을 건설하기 위해 로마인들은 충만한 자신감에서 오는 강인한 도전정신을 갖고 꾸준히 노력했을 것이다.

콜럼버스는 신대륙을 발견하기에 앞서, 강한 자신감을 갖고 포르투갈 국왕에게 자신의 계획을 설파했다. 포르투갈 국왕은 그의 자신감과 도전정신에 감동하여 그에게 배와 식량과 사람들을 제공해주었다. 그래서 콜럼버스는 죽음을 무릅쓴 오랜 항해를 무사히 마칠 수 있었고, 그 결과 신대륙을 발견해낸 것이다.

용기 있는 사람만이 도전할 수 있다

미국 뉴욕의 주지사인 알 스미스란 사람이 있었다. 그는 자신의 관할인 싱싱교도소가 문제가 많아 골머리를 썩고 있었다. 그는 교도소장으로 누구를 보낼까 고민하다가 뉴햄프턴의 루이스 E. 로즈를 떠올렸다. 그의 생각에 싱싱교도소엔 강철 같은 자신감으로 무장한 사람이 필요했다.

부름을 받고 온 로즈에게 주지사가 말했다.

"자네, 싱싱교도소의 소장이 되어볼 생각 있나? 경험이 있는 사람이 아니면 힘들거든."

주지사의 말을 듣고 로즈는 당황했다. 그 또한 싱싱교도소가 위험한 곳이라는 것을 잘 알고 있었기 때문이다. 싱싱교도소의 소장은 자주 바뀌었다. 어떤 사람은 3주도 버티지 못했다.

그는 곰곰이 생각했다. 모험을 해볼 만한 가치가 있을까?

로즈가 선뜻 결정을 내리지 못하고 주저하는 것을 보고 주지사는 간곡히 부탁했다.

"자네가 꺼리는 것도 무리는 아니라고 생각하네. 어려운 일이지. 그러나 나는 그곳에 용감한 사람이 꼭 필요하네."

"좋습니다. 주지사님, 제의를 받아들이지요."

주지사가 내민 도전이라는 동기 유발에 결국 로즈는 활짝 웃으며 승낙했다.

그리고 싱싱교도소 소장으로 발령을 받은 그는 충만한 자신감에서 오는 도전정신으로 문제 많은 싱싱교도소를 크게 개선하여 유명한 교도소장이 되었다. 그의 저서 《싱싱교도소에서 보낸 2만 년》은 수백만

부나 팔렸다. 그는 방송을 통해서 열악한 교도소 생활을 폭로했다. 그리고 그 이야기는 영화로도 제작되었다.

그는 용기 있는 사람만이 가질 수 있는 따스한 사랑으로 죄인들을 대했기 때문에 형무소에 기적이 일어난 것이다.

도전정신은 사람을 선도하는 게임이다

'파이어스톤 타이어 앤드 레버'라는 회사의 창업자인 하비 S. 파이어스톤은 이렇게 말했다.

"사람을 선도하는 것은 놀라운 게임이다."

이에 대해 데일 카네기는, "성공한 자는 누구나 그러한 게임을 사랑한다. 그것은 자기표현의 기회이기 때문이다. 자기 가치를, 초월을, 승리를 증명하는 좋은 기회다. 성공한 사람은 초월의 욕망(desire to excel)과 중요한 인물이 되려는 욕망(desire for a feeling of importance) 때문에 행동한다"라고 말했다.

마이크로소프트사의 창업자이자 세계 최고의 자선가인 빌 게이츠, 디즈니랜드의 창업자인 월트 디즈니, 그리고 인간의 한계에 도전하여 인간의 위대성을 드높인 아문센, 그 외에도 자신의 인생을 값지게 사는 수많은 사람들은 하나같이 도전정신의 법칙을 능동적으로 잘 활용한 사람들이다.

자신의 인생을 풍요롭게 살고 싶다면 끊임없이 도전하라. 도전정신은 인간에게 있어 가장 능동적인 언어이다.

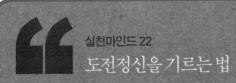

실천마인드 22
도전정신을 기르는 법

- 나는 할 수 있다는 생각을 늘 가슴에 품자.
- 밋밋한 자세로는 어떤 것도 제대로 할 수 없다는 사실을 믿자.
- 자신감을 갖고 행동하자.
- 능동적인 생각을 가져라.
- 낙숫물이 바위에 구멍을 뚫는다는 교훈을 가슴에 새기자.
- 천 리 길도 한 걸음부터 시작한다는 진리를 믿어라.
- 한 번 시작한 일은 반드시 끝마치자.
- 한 번 해서 안 되면 될 때까지 하는 습관을 가져라.
- 인내심을 갖자.
- 남들이 할 수 없다며 포기해도 나에게 필요하다면 꾸준히 실천하는 자세를 갖자.

반드시 자신만의
색깔을 갖자

23
지혜는 삶의 거울,
지혜로운 마음 기르기

고통은 인간을 생각하게 만들고, 생각은 인간을 지혜롭게 만들며,
지혜는 인생을 견딜 만하게 만든다.

패트릭

사색은 지혜를 낳는다

관자는 "사색은 지혜를 낳는다"라고 말했다. 사색은 사물이나 어떤
관점에 대해 깊이 생각하는 것으로, 깊은 생각을 하다 보면 새로운 이
치를 깨닫게 되고, 이를 통해 삶을 통찰하는 지혜를 발견하게 된다.

지식과 지혜는 근본적으로 다르다. 지식이란 학문으로 배우고 익혀
알게 되는 것을 말한다. 이에 비해 지혜는 살아가는 동안 시행착오를
겪으면서 터득하는 것으로, '슬기'라는 말에 가깝다. 학문을 통하지 않
으면 체계적인 지식을 쌓을 수 없다. 그렇지만 한 번도 학교를 다닌 적

없는 사람들 중에서도 학식이 높은 사람들보다 폭넓게 진리의 깊이를 터득한 사람을 볼 수 있는데, 이것이 바로 지혜의 힘인 것이다.

이를 잘 말해주는 것이 5천 년 역사를 가진 유태인의 지혜서《탈무드》이다. 유태인들은《탈무드》에 대한 긍지와 자부심이 대단하다.

유태인들은 전통을 매우 소중하게 생각한다. 단순히 전통이기 때문에 소중히 여기는 것이 아니라 그 전통을 오늘의 것으로 삼아 공부하고 탐구한다. 이런 유태인들의 적극적인 태도는 그들의 능력을 최대한 발휘하게 하여 세계 도처에서 그 영향력을 과시하고 있다.

유태인들의 역사는 가시밭길을 걷는 고난과 역경의 역사라고 할 수 있다. 그들을 경멸하고 박해하는 집단들이 시대의 옷을 바꾸어가며 줄기차게 유태인을 벼랑 끝으로 내몰았다. 그러다 보니 그들은 언제나 불확실한 시대를 살 수밖에 없는 불행한 민족이었다. 그런 이유에선지 오늘날 전 세계에서 유태인은 불과 2천만 명이 채 못 된다.

그러나 과학, 예술, 기술, 의학, 정치, 경제, 금융 등 전 분야의 지도자 중 유태인이 차지하는 비율은 10퍼센트가 넘는다. 더 나아가 노벨상 수상자들을 보면 의학, 물리, 화학, 문학, 평화 등 전 분야의 40퍼센트 정도가 유태인이다. 이 수치만으로도 유태인들의 우수성은 명백히 입증된다.

외교의 달인 헨리 키신저 전 미국 국무장관, 세계 최고의 과학자인 아인슈타인, 만유인력의 법칙을 발견한 뉴턴, 저명한 정신분석학자인 프로이트, 사회주의 이론의 창시자인 마르크스 등 이름만 들어도 알 수 있는 탁월한 능력의 사람들이 모두 유태인에 뿌리를 두고 있다.

그들이 이렇게 세계 도처에서 전방위적으로 두각을 나타내는 밑바탕엔《탈무드》라는 지혜서가 하나의 큰 요인으로 작용한다. 유태인들은 갓난아기 때부터 어머니의 무릎에 앉아 옛 조상들이 대대로 이어온《탈무드》의 지혜를 듣는다. 살면서 겪게 될 갖가지 일들에 대처하고 해결해나가는 삶의 해법은 아이들의 귀를 잡아끌고, 새로운 생각을 계발해내도록 하는 데 큰 영향을 준다.

한마디로 유태인의 교육은 어머니 무릎 학교에서 만들어진 체험적 교육이었던 것이다. 그들의 풍부한 아이디어는 이런 실천적인 경험을 통한 교육이 원천이 되어서 나온 것이다.

아이디어를 이끌어내는 열두 가지 법칙

풍부한 아이디어를 끌어내는 방법에 대해 유태인의 랍비이자《탈무드》의 저자인 마빈 토케이어는 열두 가지 법칙을 제시한다.

① **잘 배워라 |** 수동적인 자세가 아닌 적극적으로 배워야 한다.

② **질문을 많이 하라 |** 이것은 남에게 물어보라고 권유하는 것이 아니라, 늘 호기심을 갖고 책을 읽을 때든 혼자 사색에 잠길 때든 스스로 질문하는 습관을 들여야 한다는 것이다.

③ **권위를 무조건 인정하지 마라 |** 늘 무엇이든 의심하라. 모든 진보는 기성 권위를 부정하는 데서 첫걸음을 내디뎠다. 사람이란 저돌성이 있어야 한다.

④ **자신을 세계의 중심에 놓아두자 |** 이것은 남을 경시하라는 것이 아니다. 자신을 아끼는 자는 남도 아끼게 된다. 그리고 이때까지 세계의 모든 진보는 자기를 존중하는 사람에 의해서 이루어진 것이다.

⑤ **폭넓은 지식을 가져라 |** 자기 속에 들어온 여러 가지 지식은 저절로 상호작용을 하고, 풍부한 연상력을 기르고 직감력을 날카롭게 해준다.

⑥ **실패를 두려워하지 마라 |** 실패를 좌절이라고 생각하지 말고, 그 뒤엔 성공이 있음을 믿어야 한다. 성공과 실패는 앞뒤의 관계이다. 그만큼 성공에 가까워졌다고 생각해야 한다.

⑦ **현실적으로 되라 |** 될 수 있으면 자연스럽게 살아야 한다. 자기의 가능성과 함께 한계를 알아야 한다. 사람은 하늘과 땅에 똑같이 속해 있는 존재이다. 어느 한편에만 따르려고 하면 안 된다. 무리

하지 마라.

⑧ **낙관적으로 하라** | 내일이란 진보를 적어 넣을 하얀 여백이다. 자기 내부에도 언제나 하얀 여백이 있다. 여유를 가지고 삶을 살아야 한다.

⑨ **풍부한 유머를 가져라** | 웃음은 의외성에서 생겨난다. 사물에는 언제나 생각하지 못한 또 하나의 견해가 있는 법이다.

⑩ **대립을 피하지 마라** | 진보는 대립에서 생겨난다. 자기 생각에 찬성하지 않는 사람에게도 잘 대해야 한다.

⑪ **창조적인 휴일을 보내라** | 인간의 진가는 어떻게 휴일을 보내느냐에 따라 달라진다.

⑫ **가정을 소중히 아껴라** | 집이란 자신을 길러주는 성이다. 자기를 중심으로 한 생활을 엮어가기 위해서는 자기의 생활을 아껴야 한다.

지혜는 삶의 거울이다

마빈 토케이어의 열두 가지 방법에서 보듯, 유태인들은 매우 도전적이고 진보적이고 현실적이며, 낙관적이고 유머러스한 동시에 가정적이라는 것을 알 수 있다. 그들의 교육은 생활에서 얻어진 실체적이고 실용적인 교육이다.

지혜는 사람의 몸과 마음을 거울처럼 빛나게 한다. 그래서 지혜로운 사람을 바라보면 광채가 난다. 지혜로운 사람은 사색적이고 관조적이다. 왜냐하면 생각이 깊으면 실수가 적고 타인에게 관대하며 남의 말에 귀를 열고 참을성 있게 들어줄 줄 아는 여유가 생기기 때문이다. 지혜는 삶의 근본이며 지혜 있는 자가 세상을 밝고 맑게 만든다.

지혜를 길러라. 지혜는 자신의 삶을 비추는 거울이다. 자신의 삶이 깨끗이 거울에 비치도록 최선을 다해야 한다. 그래서 단 한 번뿐인 인생의 멋진 주인공이 되어야 한다.

실천마인드 23
지혜를 기르는 법

- 다양하고 풍부한 독서를 하자.
- 늘 생각하고 생각하라.
- 어떤 관점에 대해 자신의 논리를 기르자.
- 다양한 사람들의 언행을 유심히 살펴보자.
- 글쓰기를 생활화하자.
- 기회가 주어지는 대로 가끔 여행을 하며 많은 것을 경험해보자.
- 매사에 스쳐 지나지 말고 관찰하는 자세를 가져라.
- 풍부한 상식을 쌓자.
- 생각의 씨앗을 키워 독창성을 길러라.
- 상대방의 지혜를 배우고, 다양한 정보를 메모하고 수집하자.

24
민족의 얼을 심는
역사관 기르기

역사란 과거 사실의 단순한 재현이 아니라 과거의 어떤 사건의
중요성을 인지하고 해석, 평가하여 재구성할 때 확립되는 것이다.
E. H. 카

민족정신을 심는 교육

　유태인의 교육은 민족정신을 심는 교육이다. 민족의 역사와 철학을
가르치고, 빛나는 문화유산을 보존하고 계승 발전시키는 교육이야말
로 살아 있는 교육이며 참교육의 실체인 것이다. 이런 역사 교육과 철
학 교육을 받고 자란 유태인들의 민족정신은 세계 그 어느 나라도 따
라오지 못할 만큼 가히 독보적이라고 하겠다.

　이런 예를 단적으로 보여주는 것이 1967년 이스라엘과 아랍국가 간
에 일어난 전쟁이다. 유태인들은 오랜 역사와 전통을 가진 민족이지

만 비극적 역사로 점철된 아픔을 가진 민족이기도 하다. 유태인들은 전 세계에 퍼져 살고 있다. 그런데 전쟁이 일어났을 때 세계 각처에 살고 있던 유태인들은 너나 할 것 없이 조국으로 향했다. 특히 미국 주요 도시의 공항에는 이스라엘행 비행기를 타려는 유태인들이 북새통을 이루었다고 한다. 유태인들은 자신의 조국을 위해 자신이 피땀 흘려 이룬 모든 것을 포기하면서까지 조국을 향해 날아갔던 것이다.

그 결과 다윗과 골리앗의 전쟁이라는 세계인들의 생각을 완전히 뒤 엎고 일주일도 안 돼 이스라엘의 승리로 끝났다. 세계 언론의 앞 다툰 보도에 그 소식을 들은 전 세계의 사람들이 벌어진 입을 다물지 못했 다. 그도 그럴 것이 300만도 안 되는 이스라엘이 수십 배가 넘는 아랍 연합 국가를 물리친 것은 기적과 같은 일이었기 때문이다.

그렇다면 유태인들의 그 놀라운 저력은 어디에서 온 것일까? 그것 은 곧 그들만의 독특하고 창조적인 교육의 힘에 있었다. 어린 시절부 터 명철한 역사관을 심어준 교육은 유태민족을 하나로 결집시키는 결 과를 낳은 것이다.

나라사랑은 뚜렷한 역사의식으로부터 나온다
또 다른 예를 보기로 하자. 예멘에 살고 있던 유태인들의 이야기다.

그들은 팔레스타인에서 추방당해 예멘으로 건너와 살고 있었다. 그들은 힘든 타국 생활에도 언젠가는 조국으로 돌아간다는 신념을 가슴에 품고 살았다. 그러는 사이 2천 년이란 세월이 흘렀다. 외부의 문명 세계와 완전히 두절된 벽지에서 오직 그들은 자신들의 신앙을 믿으며 조국으로 돌아갈 날만 손꼽아 기다렸다.

그러던 어느 날 팔레스타인 땅에 그들의 나라가 건설된다는 소식을 들었다. 그들은 뜨거운 눈물을 흘리며 기도했다. 하나님이 자신들을 버리지 않고 약속을 지켜주었다는 믿음에 감사했다. 4만 3천 명 중 사정이 있는 천여 명을 제외한 나머지 유태인들이 모두 조국을 향해 걷기 시작했다. 어린이들이나 노인들이나 부녀자들이나 건장한 남자들이나 하나같이 험준한 산을 넘고 사막을 지나 희망을 품고 끝없는 행군을 계속했다.

그들의 1차적 행군 목표는 아덴이었다. 뒤늦게 이 사실을 안 이스라엘 정부는 서둘러 대형 수송기를 전세 내어 아덴으로 보내주었다. 그리고 그들을 모두 이스라엘로 공수했다. 세계 역사상 유례를 찾아볼 수 없는 대규모 공수 작전이었다. 그야말로 눈물겹고 진한 동포애가 아닐 수 없다.

이 두 가지 역사적 사실로 미루어 볼 때 유태인들의 민족정신은 5천 년이란 기나긴 세월에도 빛이 바래지 않은 투철한 역사의식에서 왔고, 그 역사의식은 철저하고 개성 있는 그들만의 독특한 교육이념에서 왔다는 것을 잘 알 수 있다.

명철한 역사관을 기르자

우리나라의 역사 또한 장구한 세월을 이어왔고, 오늘에 이르렀다. 우리 민족의 역사의식 역시 대단하다. 과거에 수많은 외세의 침략에도 굴하지 않고 일치단결하여 조국을 지켜냈다.

그러나 현대에 와서 위태로움을 느끼게 할 때가 많아 자못 걱정스럽다. 한창 꿈을 키우고 강인한 민족정신을 기르고 역사관을 가져야 할 우리의 10대들에게 역사 교육이 제대로 이루어지지 않고 있기 때문이다. 대학 입학을 목적으로 하는 교육이다 보니 영어, 수학 공부에만 열을 올리느라 일주일에 두 번 정도 하는 역사 교육도 뒷전이라고 한다.

그 결과물이라고 하면 다소 무리가 따를지 모르지만, 우리나라 10대들을 보면 위험천만해 보일 때가 많다. 외제를 선호하고, 외국 문화를 따르고, 외모에 집착하고, 매사에 즉흥적일 때가 많음을 볼 수 있다. 이는 민족의 정체성을 뒤흔드는 일인 것이다.

하지만 2002년 월드컵에서 보여준 우리 청소년들의 모습은 대한민국의 희망을 엿보게 하기에 조금도 부족함이 없었다. 나는 우리 10대들을 믿는다. 우리 민족 역시 유태인 못지않은 지혜와 전통을 가지고 있는 우수한 민족이다.

지금부터라도 바른 주체성을 갖도록 철저한 역사 교육이 이루어져야 하고, 우리 10대들은 늘 역사책을 읽고 문화와 전통에 대해 관심을 기울여야 한다. 그래서 올바르고 강직한 민족정신을 길러 명철한 역사관을 가슴에 뜨겁게 품고 살아야 한다. 그렇게 될 때 나 자신은 물론 우리 민족 전체가 튼튼한 반석 위에 굳건히 서서 조국의 영광을 드높이고, 그 조국의 따뜻한 품에서 행복한 삶을 누리며 살 수 있을 것이다.

역사는 민족의 얼이다

역사는 민족의 얼을 계승하고 발전시키는 숭고한 일이다. 역사가 살아야 나라가 발전하고, 국민들이 자유와 평화 속에서 꿈을 일구며 행복한 삶을 살아가게 된다.

이 소중한 역사는 우리 스스로가 만들어야 하고, 그 주체는 모든 인생이 결정되는 10대들이 되어야 한다. 그 10대들이 자라 20대가 되고, 30대가 되면 또 다른 10대들이 그 주체가 되어야 한다. 그래서 자신과 이 조국의 영원한 번영을 위하여 아낌없이 자신을 바쳐야 한다. 그것이야말로 이 조국에서 태어난 것에 대한 보답이며 의무이며 권리이다.

실천마인드 24
역사관을 기르는 방법

- 역사책을 탐독하고 역사에 대한 지식 습득하기.
- 방학을 이용하여 박물관, 유적지 등을 탐방하기.
- 텔레비전에서 방영하는 역사 다큐멘터리 보기.
- 일제강점기를 비롯한 외세의 침략에 대한 강한 민족의식 갖기.
- 내 조국을 자랑스러워하는 민족애 기르기.
- 외국인들에게 친절하게 함으로써 자긍심을 키우기.
- 역사적으로 단 한 번도 외국을 먼저 침략하지 않은 선조에 대한 존경심을 품고 자부심을 기르기.
- 역사적인 인물들의 삶을 마음에 새기고 따라 하기.

Chapter 04

누군가에게
의미 있는 인생이 되자

남에게 무언가를 받기만 한다면 그런 사람은 주는 행복을
알 수가 없다. 그러나 남에게 주는 것을 아까워하지 않는 사
람은 진정한 행복이 무엇인지 아는 사람들이다.

25
작은 일에도 감사하자,
감사하는 만큼 행복은 커진다

감사하는 마음은 교양의 결실이다.
이는 난폭한 사람들에게서는 찾아볼 수 없다.
| 사무엘 존슨

작은 일에도 감사하자

사람은 살아가면서 항상 작은 일에도 감사하는 마음을 가져야 한다. 감사하는 마음은 자신을 기쁘게 만드는 원동력이다.

내가 감사하는 만큼 마음 깊은 곳으로부터 행복이 우러나와 모든 것을 긍정적으로 바라보게 하고, 자신이 만나는 사람들을 기분 좋게 만든다. 그래서 작은 일에도 감사할 줄 아는 사람을 보면 마음이 부드럽고 친절하며 넉넉함을 지니고 있다.

그런데 요즘 사람들은 웬만한 일엔 감사할 줄 모른다. 그냥 당연하

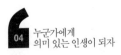

게 받아들인다. 그런 마음을 갖고 있다는 것은 불행한 일이다. 왜냐하면 그만큼 자신이 행복해질 수 있는 기회를 박탈당하는 것이기 때문이다.

감사하는 마음은 감동을 부른다

경민은 5년 동안의 직장 생활을 마감하고 작은 슈퍼를 열었다. 그는 매우 친절하고 붙임성 좋은 사람으로, 언제나 얼굴에 미소를 가득 띠고 손님들을 맞았다.

"항상 뭐가 그렇게 기분이 좋아요?"

가게에 물건을 사러 온 동네 아주머니가 물었다.

"웃으면 그냥 기분이 좋잖아요."

경민은 이렇게 말하면서도 웃었다.

"항상 그렇게도 좋을까. 난 싱거워서 그렇게는 못 웃는데."

"자꾸 웃다 보면 자연스러워지지요."

"그것도 천성이지, 뭐."

아주머니는 이렇게 말하고 계산을 치렀다.

"아주머니, 저희 물건을 사주셔서 감사합니다."

그는 허리를 굽혀 감사의 인사를 했다.

"원, 젊은 사람이 인사성도 밝지. 많이 팔아요."

아주머니는 미소를 지으며 기분 좋은 표정으로 돌아갔다.

'첫째, 항상 친절하자.'

'둘째, 항상 감사하자.'

'셋째, 항상 기분 좋은 웃음을 웃자.'

경민은 이 세 가지를 늘 마음에 품고 실천했다.

그리고 일을 끝내고 하루를 정리하면서 스스로 자신의 일과에 대해 평점을 매겼다. 그래서 평점이 좋으면 스스로에게 감사했다. 그러나 자신의 하루 생활이 마음에 안 들면 스스로를 질책하며 반성하였다. 이처럼 그는 자기 관리에 엄격했다.

그의 친절함과 늘 감사하는 마음은 주변 사람들에게 깊은 인상을 심어주었다. 처음 얼마간은 경민의 친절함을 장삿속이라고 폄하하며 무심히 지나치던 사람들도 있었다.

"저게 다 장삿속이지, 뭐."

"그러게. 장사하는 사람들은 처음엔 다 저래. 그러다 자리를 잡았다 싶으면 태도를 싹 바꾸지."

"그래, 맞아."

그러나 그러던 사람들도 이내 한결같은 그의 태도에 생각을 달리하기 시작했다. 진실은 언젠가 통한다는 말이 있듯 비로소 그의 마음을

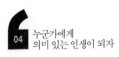

알아주기 시작한 것이다.

"저 사람, 원래가 저렇게 친절한 사람이었구나."

"그래요. 우리가 몰라도 한참을 몰랐네요."

동네 사람들은 자신들의 그릇된 잣대를 반성하듯 말했다.

경민의 가게는 손님들로 넘쳐났다. 그는 좀 더 손님들에게 가까이 다가가기 위해 배달하는 청년을 들였다. 그는 청년에게 늘 감사하고 친절한 마음으로 손님들을 대하라고 철저히 교육을 시켰다. 경민은 작은 것 하나라도 배달을 요청하면 빠른 시간 안에 배달해주었다. 그의 이런 성실함은 사람들에게 매우 감동을 주었다.

10여 년이 지나고 그의 가게는 커다란 마트 세 개로 늘어났다. 그는 수십 명의 종업원을 거느린 사장이 되었지만 그의 친절하고 감사하는 마음 자세는 변함없이 늘 한결같았다.

작은 일에도 감사하는 마음은 상대방을 감동시키고 좋은 이미지를 심어준다. 사람은 누구나 자신에게 친절하고 감사해하는 사람에게 관심을 갖는다.

작은 친절을 베풀어 큰 부자가 된 예는 동서양을 막론하고 매우 많다. 감사와 친절은 언어와 인종을 떠나 모든 인간에게 감동을 주는 것이기 때문이다.

감사하는 만큼 행복은 커진다

10대는 마음과 몸이 급속도로 변화하는 시기이다. 인생의 전환기를 맞는 시기라는 것이 옳은 표현일 것이다. 이처럼 중요한 시기에 어떤 마음가짐을 가질 것인가는 매우 중요한 일이다. 이 황금기를 공부에만 매달려 무덤덤하게 보낼 수는 없다. 평생을 살아가는 삶의 법칙을 배우는 시기가 바로 10대이기 때문이다.

호라티우스는 "사람들은 행복을 찾아 세상을 헤맨다. 그런데 행복은 누구의 손에든지 잡힐 만한 곳에 있다. 그러나 마음속에 만족이 있지 않으면 행복을 얻을 수 없다"라고 했다. 그렇다. 자신의 행복은 자기 손으로 만질 수 있는 가까운 거리에 있다. 그런데 사람들은 그것을 멀리서 찾기 때문에 행복을 느끼지 못한다고 여기는 것이다.

행복한 사람이 되고 싶은가? 그렇다면 작은 일에도 감사하고, 늘 친절한 모습을 간직하라. 그것이 행복의 비결임을 잊지 마라.

실천마인드 25
감사하는 마음을 기르는 법

- 작은 일에도 감사하다는 표현을 하자.
- 누구에게나 친절한 행동을 보이자.
- 이 세상에 태어난 것을 매일 감사하자.
- 나는 행복한 사람이라고 매일 외쳐라.
- 도움을 받았을 때는 그 즉시 감사를 표시하자.
- 누군가에게 의미 있는 사람이 되겠다고 늘 자신에게 속삭여라.
- 감사하는 마음이 성공의 첫걸음임을 믿어라.
- 감사하는 마음을 갖는 만큼 행복이 온다고 생각하고 많은 일에 감사하자.
- 감사할 줄 모르는 사람을 멀리하고, 감사할 줄 아는 사람과 함께하라.
- 기회가 닿는 대로 남을 돕는 일에 힘써라. 그러면 감사한 마음이 자신의 가슴 깊은 곳으로부터 생겨난다.

26
평생 공부하는
마음 자세 기르기

학문의 목적은, 사람이 지갑에 돈을 간직하고 있는 것과 같이
지식을 갖고 있게 하는 것이 아니라 지식을 우리의 몸에
스며들게 하는 데 있다. 즉 먹은 음식이 몸에 활력을 주고
기력을 돋우는 혈액이 되는 것과 마찬가지로, 배운 지식은
자신의 사상이 된다.

제임스 브라이스

공부는 즐거운 마음으로 하자

사람들은 대개 공부를 학창 시절에만 하는 것으로 여긴다.

학창 시절 공부하기 싫어하는 친구들은, "아, 지겨운 공부, 언제나
끝이 날까"라고 인상을 찌푸리며 떠들어대곤 한다. 그러나 그 지겹다
고 소스라치던 시간도 세월이 지나고 나면 후회로 남아, 나중에 가서
는 "아, 그때 그 시절로 돌아갈 수 있다면 정말 후회 없는 시간을 보낼
수 있을 텐데…… 그땐 왜 그다지도 철이 없었을까. 아, 인생이여, 내
게 다시 한 번 푸른 시절을 돌려다오" 하며 넋두리를 쏟아놓게 된다.

하지만 한 번 지나간 시간은 다시 돌아오지 않는다. 시간은 마치 앞만 보고 달려가는 이기주의자 같다. 시간은 자기를 아끼고 존중하는 사람들을 좋아한다.

우리가 흔히 하는 얘기로, "공부도 다 때가 있는 법이다"라는 말이 있다. 맞는 말이다. 자신의 나이에 맞는, 그때 해야 할 공부가 있다. 하지만 현대 사회에서는 공부하는 시간이 따로 정해져 있는 것이 아니다. 지금은 온 국민의 평생 교육을 목표로 하는 것이 교육의 새로운 이념이 되었다.

그렇다고 해서 10대에 주어진 황금보다 소중한 시간을 덤덤하게 넘기라는 말은 결코 아니다. 그 시간을 더 값있게 보내라는 말이다.

그래도 돌아서면 모르는 것이 너무 많은 시대가 현대 사회이다. 모든 것이 급물살을 타고 빠르게 지나간다. 자고 나면 새로운 것들이 끊임없이 나타나 거리를 가득 메운다. 새로운 용어, 새로운 문화, 새로운 물건, 새로운 학문 등 새롭고 새로운 것들이 사람들을 혼란스럽고 무력하게 만든다. 그 혼돈을 그대로 방치하면 남보다 더 나은 인생을 살기는커녕 자신의 정체성마저 잃어버리게 된다.

하지만 걱정할 필요는 없다. 조금만 부지런하면 된다. 시간을 내서 책을 읽고, 메모하고, 사색하라. 그리고 자기를 새롭게 만드는 데 도움을 주는 곳이 있다면 망설이지 말고 찾아가라. 가서 자기에게 맞는 지식을 섭취하라.

공부는 때가 없다

일흔을 훨씬 넘긴 할머니가 석사 학위를 받았다. 주름진 얼굴, 흰 머리카락 사이로 번지는 온화한 미소 뒤엔 아직도 배움에 대한 강렬함이 살아 흐르고 있었다. 저 나이에 무엇이 그토록 할머니에게 공부를 할 수밖에 없게 만들었을까?

할머니가 말했다.

"어린 시절 집이 하도 가난해서 공부를 할 수 없었지요. 난 꿈이 참 많은 소녀였는데……. 보통학교를 마치고 더는 공부를 할 수 없었을 때, 그 심정은 이루 말할 수 없을 만큼 참담했어요. 나는 가족을 위해 일을 하지 않으면 안 됐지요. 그렇게 살다 보니 혼기가 차 결혼을 하게 되었고, 자식 낳아 기르고 살림을 하다 보니 공부할 기회가 찾아오지 않았어요. 공부를 해야 한다는 마음을 한시도 잊어본 적이 없어요. 자식들이 다 장성해서 내 품을 벗어나자 드디어 공부할 기회가 찾아왔지요. 그러나 그땐 이미 나는 할머니 소리를 듣는 나이로 변해 있었지요. 하지만 나이는 문제가 아니었어요. 중학교 검정고시에 도전해 막상 공부를 시작하니 모든 것이 다 어려웠어요. 기억력도 떨어져서 젊은 사람들이 한 번 할 때 나는 세 번이고 네 번이고 반복해서 외우고 쓰고 했지요. 시간이 지나자 조금씩 나아지기 시작했어요. 그래서 중졸 검정고시에 합격할 수 있었고, 고졸 검정고시에도 합격할 수 있었어요. 그러자 더욱 공부가 하고 싶더라고요. 그래서 대학에 도전해서 대학을 마쳤지요. 그런데 또 욕심이 생기더군요. 그래서 눈 딱 감고 가족들의 협조를 얻어 대학원에 진학해 오늘 이렇게 석사 학위를 받게 되었지요. 내겐 또 하나의 꿈이 있는데 그것은 박사가 되는 거예요.”

할머니의 말은 사람들에게 많은 것을 시사해준다. 배움의 길은 어느 특정한 시기에 있는 것이 아니라, 자신의 마음속에 있는 것이다.

평생 공부하는 자세를 가져야 한다

요즘 10대들을 보면 마음이 아프다. 이른 시간 0교시부터 밤 10시까지 학교에서 시간을 보내고, 새벽 1시나 2시까지 학원에서 시간을 보낸다.

하지만 이렇게 혹사당하며 공부를 해도 크게 나아지는 것은 없는 것 같다. 왜냐하면 자발적으로 하는 공부가 아니기 때문이다. 자발적으로 하는 공부는 재미가 있고, 활기가 넘친다. 생각해보라. 자신이 하고 싶은 일을 할 때와 하기 싫은 것을 억지로 할 때의 다른 마음가짐을.

그러나 피할 수 없다면 즐겨야 한다. 억지로라도 재미있게 공부하는 마음을 갖자. 공부도 하나의 습관이다. 습관은 처음 길들일 때가 어렵지 한 번 들인 습관은 쉽게 깨지지 않는다.

공부도 때가 있다는 말은 이제 쓰레기통에나 던져버려야 한다. 평생 공부한다는 개념을 지금부터 갖지 않으면 새롭게 변화하는 시대에 적응할 수 없다.

"내가 일찍이 종일 먹지 아니하며 밤새 잠자지 아니하고 생각하여도 유익함이 없는지라, 배움만 같지 못하였다."

공자의 말이다. 배움엔 끝이 없음을 가슴에 품어라. 배우는 자 앞에 이길 자는 이 세상에 결코 없다.

실천마인드 26
평생 공부하는 자세를 기르는 법

- 공부는 평생 해야 한다는 생각을 갖는 것이 중요하다.
- 모르는 것은 부끄러운 일이다. 모르는 것은 반드시 알 때까지 파고들어라.
- 배움이야말로 참된 기쁨이다. 무엇이든 여건이 되는 대로 배우자.
- 학교를 졸업한 후에도 '이 나이에 내가 어떻게 해'라는 구태의연한 마음을 버리고 과감하게 도전하자.
- 독서는 삶의 경쟁력임을 믿고, 꾸준히 독서하자.
- 마음이 맞는 친구들끼리 스터디 그룹을 만들어 함께 공부하라. 그러면 한층 능률적이고 일체감에서 오는 기쁨을 느끼게 된다.
- '배워서 남 주나'라는 말이 있다. 그렇다. 자신이 배운 것은 자신의 것이 된다. 그러나 자신의 지식을 남을 위해 쓸 때 참공부의 의미를 발견할 것이다.
- 공부는 분명 때가 있다. 그러나 평생 하는 것 또한 공부다. 공부를 일상화시켜라. 공부도 습관임을 믿어라.
- 도서관을 내 집처럼 이용하자.
- 항상 메모하는 습관을 길러라. 메모는 가장 좋은 학습법이다.

27
상대방의 단점보다는
장점을 보는 눈을 갖자

친구를 칭찬할 때는 널리 알리도록 하고,
책망할 때는 남이 모르게 한다.
독일 속담

장점을 활용하는 마음을 기르자

사람처럼 영특하고 재능 있는 동물은 없다. 오히려 재능이 지나쳐 위험할 정도다. 과유불급, 넘치면 오히려 해가 된다는 말처럼, 우리 인간에겐 넘쳐서 해가 되는 것이 참 많다. 시기심, 분노, 질투, 끝없는 욕심, 허영심, 헐뜯는 마음, 불신 등은 사람과 사람 사이를 갈라놓고 서로에 대한 믿음과 신뢰를 깨뜨린다.

이처럼 사람들 사이엔 없어야 될 것도 많지만, 반면에 서로 배울 점도 참 많다. 사람에겐 누구나 그만이 가지고 있는 장점이 있기 때문이다. 그런데 문제는, 사람들이 타인의 장점보다는 단점을 먼저 보려고 한다는 것이다. 게다가 약점을 들춰내 그 사람을 곤경에 빠뜨리는 일도 서슴지 않는다. 사람들의 이런 심리는 상대방의 단점을 들어 자신의 단점을 감추려고 하는 마음이 도사리고 있기 때문이다.

단점보다는 장점을 보자

미국 남북 전쟁(1861~1865) 당시 북군이 가장 어려운 시기를 겪고 있을 때였다. 자칫 잘못하면 나라가 큰 혼란에 빠지게 될 상황이었다. 북군은 패배만 거듭하고 있었다. 그리고 그 패배의 원인은 후커 장군의 행동에 있었다. 그는 동료 장군들에게 몹시 비협조적이었다.

에이브러햄 링컨은 고심 끝에 그에게 편지를 썼다.

친애하는 후커 장군 귀하

나는 당신을 포토맥 전선의 총사령관으로 임명했습니다. 물론 당신 능력은 총사령관이 될 자격이 충분하다는 판단으로 그렇게 하였습니다. 그러나 당신은 어떤 면에 있어 내가 당신을 섭섭하게 생각하고 있다는 사실을 알아야 합니다. 나는 당신이 매우 용감하고 유능한 군인이라는 것을 잘 압니다. 또한 당신이 정치와 군대의 차이점도 아는 지휘관이라고 확신합니다. 당신은 대망을 가진 사람입니다. 그러나 당신은 번사이드 장군이 사령관으로 활약할 당시에 비협조적인 태도를 보였기 때문에 국가와 동료 장군에게 큰 잘못을 범했습니다.

당신이 군대와 정부에는 둘 다 독재자가 필요하다는 말을 했다는 소문을 나는 최근에 들었습니다. 어찌했든 나는 당신을 사령관으로 임명했습니다. 그리고 전쟁에 승리한 장군들만이 독재자가 될 수 있습니다. 나는 당신이 전쟁에서 승리하는 장군다운 장군이 되길 바랍니다. 또한 나 역시 바람직한 대통령이 되겠습니다. 정부는 과거의 모든 사령관들에게 베풀었던 호의 못지않게 당신을 최대한 지지할 것입니다.

당신이 지휘관을 비난하면 비난당한 지휘관은 자신감이 소멸됩니다. 그로 인해서 군인들의 사기가 저하될 우려가 있으니 각별히 조심하시기 바랍니다. 나도 당신을 위해서 힘껏 지원하겠습니다. 당신뿐만 아니라 나폴레옹이라고 해도 군의 사기가 저하되면 전쟁에서 이길 수 없습니다. 그러므로 무분별한 비판을 삼가기 바랍니다. 그 대신 힘과 활기가 넘치는 군대를 만들어 전쟁에서 이기고 돌아오기 바랍니다.

대통령 에이브러햄 링컨

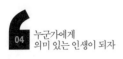

링컨의 편지에서 알 수 있듯이, 후커 장군은 용맹스러운 군인이었으나 자신과 뜻이 맞지 않으면 상대가 누구든 비난하기를 주저하지 않았다. 그러한 그의 행동은 동료 장군의 사기를 떨어뜨렸고, 그에 대해 복수심을 갖게 만들었다. 머리를 맞대고 합심하여 전략을 세워야 하는 군대에서 후커의 행동은 납득할 수 없는 미성숙한 행동이었다.

링컨은 대통령으로서 그를 파면시킬 수도 있었으나 대신 그가 제대로 사령관의 임무를 수행할 수 있도록 그의 장점을 최대한 칭찬해주었다. 그리고 그 결과 전쟁에서 승리할 수 있었다.

누구에게나 장점은 있다

어떤 소년이 있었다. 그는 막무가내 말썽쟁이에다 싸움꾼이었다. 또한 자신 말고는 아무도 믿을 수 없다며 어느 누구의 말도 들으려 하지 않았다.

그는 도둑질을 해서 소년원에 갔고, 성인이 되어서도 교도소에 들락거렸다. 그러나 그의 못된 버릇은 여전히 고쳐지지 않았다. 형제와 친구들, 그리고 주변 사람들도 그를 보면 한결같이 고개를 돌려 외면했다.

그런 그에게도 한 가지 장점이 있었는데, 그것은 끈기가 있다는 것이었다. 그는 한 번 하겠다고 마음먹은 것은 꼭 하고야 마는 뚝심이 있었다.

그런 그를 옆에서 지켜보던 사람이 있었다. 동네 교회의 장로였다. 모두가 그를 멀리했지만 장로는 그에게 먼저 다가가 말을 붙이곤 했다. 장로는 언제나 그에게 따뜻한 말을 해주고, 자주 저녁을 함께하며 그를 친조카처럼 대해주었다. 장로는 그가 유일하게 마음을 터놓고 얘기할 수 있는 사람이었다.

그러던 어느 날 술에 잔뜩 취한 그가 장로를 찾아왔다.

"자, 장로님, 저 같은 놈은 살 가치도 없지요?"

"아니, 그게 무슨 말인가? 살 가치가 없다니?"

"모두가 저를 보면 피하고 상대도 안 해주려고 해요."

"그래? 그렇다면 그 원인이 무엇인지 생각해보게. 그 원인을 알고 자네가 고칠 수만 있다면 그들도 더 이상은 자네를 외면하지 않을 걸세."

"정말 그럴까요, 장로님?"

"그럼, 그렇고말고. 자네가 그렇게 하겠다고 나와 약속해주겠나? 그러면 내가 힘껏 자네를 돕겠네. 자넨 끈기가 있어. 그 끈기를 살리면 무엇이든 할 수 있다네."

"정말요?"

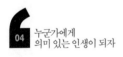

누군가에게
의미 있는 인생이 되자

"그렇고말고. 그러니까 이제부터 변신을 하는 거야. 지난날은 다 잊고 지금 이 순간부터 새로운 사람이 되는 거야."

"장로님, 절 도와주실 거죠?"

"그래, 도와주지."

"고, 고맙습니다, 장로님."

그는 그다음 날부터 장로를 따라 교회를 다니기 시작했다. 교인들은 그를 꺼림칙하게 여겼으나 그래도 따스한 마음으로 받아주었다. 그는 자신을 따스하게 맞아주는 데가 있다는 사실에 감격했다. 그는 사람답게 살아보겠다고 굳게 결심했다.

시간이 흐르고 생활이 바뀌자 그의 얼굴엔 미소가 생기기 시작했고, 그를 외면했던 형제도, 친구들도, 주변 사람들도 그를 격려해주었다. 그는 그제야 사람이 사람답게 살아야 할 이유를 뼛속 깊이 느꼈다.

그는 먼저 사람들에게 인사를 하고, 이웃의 힘든 일도 거들어주었다. 그의 마음속에 무언가를 해야겠다는 강한 신념이 생기기 시작했다.

장로는 완전히 달라진 그의 모습을 보고 어느 날 말했다.

"자네, 신학 공부를 해보지 않겠나?"

"신학 공부를요?"

"그래, 신학 공부."

"저 같은 게 어떻게 그런 공부를 할 수 있겠어요."

"왜 못 해? 자네 같으면 충분히 할 수 있네. 내가 도와주지."

그는 장로의 뜻밖의 얘기에 몇 날 며칠을 생각하고 또 생각하였다. 그러던 그는 결심을 굳히고 장로를 찾아가 공부를 하겠다고 말했다.

"잘 생각했네. 자네는 좋은 목회자가 될 거야."

장로는 그에게 책을 사주고 그가 공부할 수 있도록 도와주었다. 처음 얼마간은 매우 힘들어하던 그가 공부에 재미를 붙이기 시작했다. 그렇게 1년을 공부한 끝에 신학교에 진학을 했고, 무사히 학교를 마칠 수 있었다.

현재 그는 목사가 되어 어려운 사람들을 위해 열심히 살고 있다. 누구나 외면했던 그를 사랑으로 보살펴주고 장점을 살려주자 새로운 삶을 사는 멋진 인생으로 변화한 것이다.

장점을 보는 눈이 행복을 낳는다

대개의 사람들이 갖고 있는 잘못된 점은 상대방의 장점을 애써 외면하려는 것이다. 왜냐하면 자신이 그보다 못하다는 생각을 갖지 않기 위해서다. 그래서 상대방의 단점만 보는 것에 매우 익숙하다.

그러나 이는 대단히 잘못된 일이다. 장점 대신 단점만 본다면 그것은 스스로에게도 별로 도움이 안 되는 것이다. 단점에서 우리가 배울 것이 과연 얼마나 있겠는가?

어느 누구에게나 장점과 단점이 있기 마련이다. 좋은 삶의 관계를 유지하려면 자신이 만나는 사람들의 장점을 눈여겨보는 눈을 길러야 한다. 장점을 보는 눈은 자신과 상대방의 삶을 긍정적이고 행복하게 만들어주는 원동력이다.

실천마인드 27
상대방의 장점을 발견하는 법

- 상대방의 단점엔 관심을 두지 말고 장점만 보는 눈을 기르자.
- 상대방의 장점을 보면 칭찬을 아끼지 말자.
- 이기적인 눈으로 상대방을 바라보지 말자.
- 편견을 버리고 상대방을 대하자.
- 상대방에 대해 불필요한 비판을 하지 말자.
- 무슨 일이든 자기중심적으로 판단하지 말자.
- 쓸데없는 경쟁을 피하자.
- 상대방에게 관심을 기울이자.
- 상대방에 대해 예의를 지키자.
- 친절한 마음으로 사람들을 대하자.

28
누군가에게
의미 있는 사람이 되자

남을 위하여 일을 할 수 있다는 것은
어린 시절부터 나의 최대의 행복이었으며 즐거움이었다.

베토벤

가치 있는 삶

가장 가치 있는 삶이 무엇인지 묻는다면 여러 의견들이 나올 것이다. 그런데 여기서 말하고자 하는 가치 있는 삶이란, 나 아닌 다른 누군가에게도 의미 있는 인생을 말한다. 이것은 말로 하기는 쉽다. 그러나 실제로 이렇게 살기란 굉장히 어렵다.

베토벤은 그의 음악 인생에 대해 확신에 찬 의미를 부여하고 있었다. 그것은 바로 남을 위해 음악을 한다는 것이었다. 대개의 예술가들은 자신이 좋아서, 자신의 목숨과 같아서 예술을 하는 것처럼 보인다.

물론 다 그런 것은 아니지만 예술가들의 고집스러움을 생각해보면 거의 그렇다는 얘기다. 그렇게 볼 때 베토벤의 인생 철학은 매우 돋보이지 않을 수 없다.

누군가에게 의미 있는 사람이 되자

한 여성 장애인이 있다. 그녀는 자신을 추스르기도 어려울 텐데 10여 명이 넘는 아이들을 데려다 밥을 해 먹이고 학교에 보내주는 일을 하고 있다. 정상인들조차 힘든 그 일을 그녀는 아주 기쁜 마음으로 하고 있었다. 그녀의 모습에는 아무런 힘든 기색도 찾아볼 수 없었다.

"이렇게 불편한 몸으로 어떻게 이토록 힘든 일을 할 수 있는지요?"

기자의 질문을 받고 그녀는 활짝 웃으며 말했다.

"저는 한 번도 이 일을 힘들다고 여겨본 적이 없습니다. 다만 제 몸이 이렇다 보니 조금 불편한 것뿐입니다. 나는 이 일을 아주 행복한 마음으로 하고 있습니다."

생활수준이 높아진 지금도 사회 일각에서는 야학에서 공부하는 사람들이 의외로 많다. 어린 학생들도 간간이 있지만 대개가 배움의 기회를 놓친 사람들이다. 그들은 낮에는 직장과 가게에서 생업에 종사하다가 저녁이 되면 야학에 가서 피곤한 몸을 의자에 기댄 채 한 글자라도 놓치지 않으려고 최선을 다한다.

어느 야학교 교장에게 기자가 물었다.

"이렇게 야학을 운영하다 보면 여러 가지로 힘든 일이 많을 텐데, 어떤 일이 가장 힘이 드나요?"

"힘든 일은 많지만 그걸 힘들다고 생각하면 하루도 못 하지요. 이것은 일종의 사명과 같은 거예요. 굳이 힘든 일을 꼽는다면, 아무래도 운영하는 것이지요. 아무리 무급으로 교사들이 참여한다고 해도, 야학 교실 임대료와 운영비 마련이 어려워요. 다행히 뜻있는 분들이 십시일반으로 후원비를 내주셔서 운영하는 데 도움이 되지만, 더 근본적인 대책이 마련된다면 더 바랄 게 없겠지요. 그러나 지금껏 잘해왔으니 앞으로도 잘할 수 있으리라 생각합니다."

야학교 교장은 이렇게 말하며 넉넉한 웃음을 지었다. 그 웃음에서 그의 마음속에 따스한 사랑이 가득함을 느낄 수 있었다.

타인을 위해 봉사하는 마음을 갖자

소방서에서 마련한 공부방도 있다. 가난한 맞벌이 자녀들이나 편모 편부의 자녀들, 소년 소녀 가장을 위한 공부방이다. 교사는 소방서 직원들이 맡고 있다.

소방서는 그 어느 기관보다 바쁘고 업무량이 많다. 그런데도 뜻있는 소방서 직원들은 내 일처럼 공부방 교사를 자처했던 것이다.

"바쁜 업무에도 이처럼 공부방 교사를 한다는 것은 그리 쉬운 일이 아닐 텐데요, 어떤 계기가 있나요?"

이런 질문에 소방서 직원들은 한목소리로 말했다.

"무슨 특별한 계기가 있었던 것은 아니고, 공부방을 운영한다는 내부 방침에 참 의미 있는 일이 되겠구나, 하고 생각해서 하게 됐습니다."

"소방 업무는 업무량이 많다고 들었는데 힘들진 않나요?"

"가르치는 일을 매일 하는 것은 아니고 동료들과 교대로 하니까 할 만합니다. 아이들이 좋아하는 것을 보면 피로를 느낄 겨를이 없습니다."

머쓱한 웃음을 지으며 말하는 소방관의 모습이 참 진솔해 보였다.

우리 주변에는 미처 남들이 생각하지 못한 곳에서 오른손이 하는 일을 왼손이 모르게 봉사하는 사람들이 많다. 그늘에 가려진 사람들에게 용기를 주고 희망을 주는 빛과 소금의 역할을 하는 그들이 있기에, 우리 사회는 미래가 있고 소망이 있는 것이다.

참다운 행복의 의미

아나톨 프랑스는 "이 세상의 참다운 행복은 남에게서 받는 것이 아니라 내가 남에게 주는 것이다. 그것이 물질적인 것이든 정신적인 것이든 인간에게 있어서 가장 아름다운 행동이기 때문이다"라고 말했다.

옳은 말이다. 남에게 무언가를 받기만 한다면 그런 사람은 주는 행복을 알 수가 없다. 그러나 남에게 주는 것을 아까워하지 않는 사람은 진정한 행복이 무엇인지 아는 사람들이다.

베토벤이나 아나톨 프랑스의 말이 아니더라도, 나 아닌 남을 위해 산다는 것은 자신에게나 남에게 있어 가장 아름답고 행복한 일이다. 한창 꿈을 키워가는 10대들이 누군가에게 의미 있는 인생이 될 수 있다면 그것처럼 성공적인 인생은 없을 것이다.

10대들이여, 삶의 중심에 서라. 그리고 그 삶의 진짜 주인공이 되어라.

실천마인드 28
누군가에게 의미 있는 인생이 되는 법

- 반드시 한 가지 봉사를 하자.
- 누군가에게 의미 있는 인생이 참된 성공임을 믿자.
- 나만 아는 것처럼 무의미한 것은 없다. 누군가에게 참의미가 있는 멘토가 되어보자.
- 누군가가 도움을 요청하면 자기 형편에 맞게 도와주자.
- 자신이 누군가를 도울 수 있다면 그것은 자신이 썩 괜찮은 삶을 살고 있다는 증표임을 믿어라. 그리고 계속해서 그 일을 해라.
- 나를 누군가가 필요로 하는데도 그 일을 거부한다면 그것은 자신의 행복을 발로 걷어차는 것과 같다. 나를 필요로 하는 사람이 있다는 것은 행복한 일이다.
- 무슨 일이든 실천이 중요하다. 아무리 근사한 생각을 갖고 있어도 실행하지 않으면 아무 소용이 없다. 실천하는 마음을 기르자.
- 남에게 자신의 사랑을 베푸는 일이 얼마나 신나는 일인지 실제로 경험해보자.

- 모든 삶의 원칙은 주고받는 데 있다. 내가 주면 반드시 그 누군가에게 받는다. 그것이 인생의 법칙이다.
- 사회는 함께 만들어가는 공동체이다. 누군가에게 의미 있는 삶을 사는 것은 공동체적 삶에서 볼 때 하나의 의무이다.

29
상대방을 함부로
비평하지 말자

죽을 때까지 남의 원망을 듣고 싶은 사람은
신랄하게 그를 비평하면 된다.
데일 카네기

비평의 위험성

사람이 사람을 옳다 그르다 함부로 비평하는 것처럼 위험한 일이 또
있을까?

사람은 그 누구에게도 비평받을 이유가 없다. 사람을 비평할 수 있
는 존재가 굳이 있다고 한다면, 그것은 신일 것이다. 그만큼 한 사람
한 사람은 매우 중요한 존재이다.

비평이 사람에게 주는 위험성은 대단히 크다. 사람을 공격하는 비평은
독약과 같다. 그만큼 마음에 상처를 주고, 영혼을 병들게 하기 때문이다.

영국의 수상이었던 디즈레일리에게는 글래드스톤이라는 가장 무서운 정적이 있었다. 그들은 만나기만 하면 어떤 주제로든 간에 충돌했다. 자신의 의견에 대해 한 치의 양보도 하지 않으려 했다. 자신이 주장을 굽히면 상대방에게 패배했다는 인상을 주기 때문이었다. 그렇다보니 그들은 상대방의 의견에 대해 무조건 비평을 가했다.

건전한 비평은 바람직한 것이지만, 지지 않으려는 의도에서 힐책하는 비평은 한낱 상처만 남기는 백해무익한 것이다.

비평은 독이고, 칭찬은 에너지다

미국의 백화점 왕 존 워너메이커는 "나는 30년 전에 꾸짖는다는 것은 어리석은 일이라는 것을 배웠다"라고 말했다. 그는 남을 꾸짖고 비평하는 것이 무익한 일이라는 것을 알았던 것이다.

그는 백화점을 순회할 때마다 직원들이 혹여 눈에 거슬리는 행동을 해도 야단을 치는 대신 "수고가 많군요. 그런데 그것은 이렇게 해보면 어떨까요?"라고 말했다. 그의 너그러운 행동에 직원들은 감동을 받았다. 비평과 비난 대신 상대방이 자신의 잘못을 깨닫게 하는 융화적인 경영 방법은 그가 백화점 경영의 귀재가 되는 밑거름이 되었다.

강철왕 카네기 역시 상대방을 비난할 일이 있어도 꾹 참고, 상대방이 기분 나빠하지 않는 말로 자신의 잘못을 스스로 알게 했다. "나는 당신이 그 일에 제일 적격이라고 믿어요. 그런데 이렇게 해보면 더욱 당신이 잘할 수 있을 것 같은데, 당신 생각은 어때요?"라고 말하면 상대방은 순순히 기분 좋게 고개를 끄덕였다. 카네기는 사람을 다룰 줄 알았던 것이다. 그의 사람 다루는 기술은 사람들로 하여금 자신의 말에 귀를 기울이게 만드는 원동력이 되었고, 그는 역사에 길이 남는 CEO가 되었다.

소설가 토머스 하디는 유명한 소설 작품들을 많이 남겼지만, 자신에 대한 비평 때문에 그후로는 영원히 소설을 쓰지 않았다고 한다. 또 영국 시인 토머스 체스톤은 비평 때문에 자살했다. 비판이 사람들에게 얼마나 큰 영향을 끼치는 것인지 알 수 있다.

벤저민 프랭클린은 자신의 성공 비결에 대해, "나는 아무도 나쁘게 말하지 않는다. 나는 오직 모든 사람의 장점만을 말한다"라고 했다. 또 칼라일은 "소인을 다루는 것을 보면 위대한 사람의 인격을 알 수 있다"라고 했다.

사람은 누구나 특별한 존재이기를 원한다
사람은 누구나 자신의 잘못을 알고 있다. 그러나 그 잘못을 들먹이

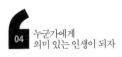

며 상대방이 비평을 가하면 분노를 참지 못한다. 비평은 사람들의 자존심을 깡그리 무너뜨린다.

사람들은 누구나 칭찬받기를 원한다. 미국 초대 대통령 조지 워싱턴은 "위대한 미국 대통령"이라고 불리기를 갈망했다고 한다. 그리고 콜럼버스는 자신을 다음과 같이 불러주기를 원했다. "그는 바다의 제독이요, 인도의 총독이다"라고 말이다.

이러한 바람은 남녀노소를 불문한다. 러시아의 여왕 캐서린 대제는 "위대한 여왕 폐하께"라고 적혀 있지 않은 편지는 절대로 개봉하지 않았다고 한다.

앤드루 카네기는 찰스 스왑에게 그 당시 100만 불의 연봉을 주었다. 그 당시 연봉으로 100만 불은 상상을 초월하는 어마어마한 금액이었다. 찰스 스왑은 뛰어난 천재도 아니었고, 강철 제조에 관해 커다란 재주를 지닌 것도 아니었다.

찰스 스왑은 그런 특별한 대우를 받은 이유에 대해 이렇게 말한 적이 있다.

"사람들에게 열정을 심어주는 수완이야말로 나의 제일가는 재산이라고 생각한다. 사람들에게 최선을 다하도록 만드는 방법은 칭찬과 격려이다. 사람의 의지를 꺾는 것은 상관의 비평이다. 나는 아무에게도 비평을 가하지 않는다. 나는 일에 대한 대가를 지불해야 된다고 믿는다. 나는 칭찬하기를 좋아한다. 그러나 약점을 찾아 비평하기는 싫어한다. 나는 성심성의껏 인정하고 칭찬한다. 나는 무슨 일을 하든 전심전력을 다 기울인다."

찰스 스왑이 최고의 연봉을 받은 것은, 그의 말대로 인력 관리를 잘했기 때문이었다. 최고의 경영주는 회사를 잘 운영해 최대의 매출을 올려야 한다. 그러기 위해서는 사람을 잘 다루어야 한다. 이런 인사 관리 정책은 오늘날에는 더더욱 경영주의 능력에 해당하는 매우 중요한 요소이다.

위의 예에서 보듯 남을 비평한다는 것은 비능률적이고 비생산적인 일이기도 하다. 칭찬과 격려가 사람을 더 능률적이고 생산적이며 능동적으로 만드는 것이다.

마음과 몸이 급속도로 성장하고, 삶의 정체성과 자아가 계발되는 중요한 시기인 10대 때 성숙한 인격을 형성해야 한다. 무엇보다 소모적인 비평 대신 칭찬하고 격려하는 자세를 길러야 한다. 격려와 칭찬도 습관이다.

"세 살 버릇 여든까지 간다"라는 속담처럼, 좋은 습관인 칭찬과 격려는 자신의 인생을 성공으로 이끄는 삶의 에너지가 될 것이다.

실천마인드 29
비평하는 마음을 없애는 법

- 상대방의 장점을 보는 마음의 눈을 가져라.
- 쓸데없는 비평은 상대방에게 상처를 준다는 것을 명심하자.
- 내가 상대방을 비평하면 나도 비평의 대상이 된다는 것을 기억하자.
- 비평도 습관이다. 남을 비평하는 사람은 누구에게나 습관적으로 비평을 한다. 비평은 대인 관계의 부정적인 요소가 된다.
- 칭찬의 기쁨을 누려라. 칭찬의 기쁨을 아는 사람은 비평하는 소모적인 일에 아까운 시간을 쏟아 붓지 않는다.
- 성공적인 삶을 사는 사람들의 공통점은 비평 대신 칭찬을 잘한다는 것이다. 이를 따라서 실천해보자.
- 비평은 가지고 있는 능력까지 빼앗아버리지만, 칭찬은 없는 능력까지 끄집어낸다.
- 소인은 남을 비평하기를 즐거워하지만 대인은 칭찬하기를 즐거워한다.
- 사람은 누구나 자신이 인정받기를 원한다. 그리고 최고가 되기를 원한다. 그것을 아는 사람은 비평이 아무런 유익이 되지 못하는 일이라는 것을 안다.
- 지혜로운 사람은 칭찬을 즐기지만, 어리석은 사람은 비평을 즐긴다는 점을 명심하자.

30
어디서든 환영받는
사람이 되자

가까이 있는 사람을 기쁘게 하고,
멀리 있는 사람이 찾아오게 하라.
공자

사람들에게 인정받는다는 것

사람은 누구나 남에게 인정받기를 원한다. 상대방이 나를 인정해준다는 것은 그만큼 내가 능력이 있다는 것이고, 누군가에게 필요한 사람이라는 것을 증명해주는 일이다. 그렇게 인정을 받으면 사람은 행복을 느낀다.

상대방에게 환영받는 사람의 얼굴엔 생기가 넘치고, 밝은 미소가 보름달처럼 번진다. 그 미소는 강한 자신감과 행복한 마음에서 오는 것이다. 그런 사람은 더욱 정감이 가고 늘 가까이에서 보고 싶은 마음을 갖게 만든다.

그런데 환영받는 사람들에겐 독특한 기술이 있다. 그리고 그 기술은 저절로 이루어진 것이 아니라 노력에서 온다. 우리도 그 기술을 익혀 환영받는 사람이 되도록 노력해보자.

환영받는 사람이 되는 법칙

상대방을 신뢰한다는 강한 이미지를 심어주자

컬럼비아 대학 총장 니콜라스 머레이 버틀러 박사는 "자기 자신만 생각하는 사람은, 미안한 말이지만, 무식한 사람이다. 아무리 훌륭한 교육을 받았다고 해도 그는 지성인이 아니다"라고 말했다.

이 말은 매우 설득력이 있다. 사람들은 자기 말만 하는 사람들을 좋아하지 않는다. 특히 상대방의 입장은 생각하지 않고 자기 생각만 주장하는 사람에겐 강한 거부감을 갖는다. 왜냐하면 대개 이런 사람들은 이기적인 성향이 강해 넉넉한 마음을 볼 수 없기 때문이다.

반면에 자신의 이야기에 귀를 곤두세우고 경청하는 사람은 누구나 좋아한다. 그런 사람에게선 자신의 말을 신뢰한다는 강한 믿음을 받는다.

사람은 많이 배운 사람이든 적게 배운 사람이든, 지위가 높은 사람이든 지위가 낮은 사람이든 간에 자신의 말을 잘 들어주는 사람을 좋아하는 법이다. 그러므로 상대방을 신뢰한다는 강한 이미지를 심어주기 위해서는 그 사람의 말을 진지한 자세로 경청해야 한다.

상대방이 무엇에 흥미가 있는지 발견하는 센스

사람은 상대방이 자신이 흥미 있어하는 것에 관심을 보이면 무척 좋아하는 표정을 보인다. 그것은 그 사람으로부터 강한 동질감을 느끼기 때문이다.

어떤 회사 사장이 거액의 돈을 예탁하려 한다는 소문이 돌았다. 그 사장이 예탁하려는 돈은 자그마치 20억 원이나 되는 돈이었다. 그 이야기를 들은 한 은행 직원이 사장을 찾아갔다.

은행 직원은 사장을 만나기 전에 곰곰이 생각해보았다.

'어떻게 하면 그를 설득할 수 있을까?'

그는 생각 끝에 사장이 관심을 갖는 것을 집중적으로 공략하기로 했다.

은행 직원은 사장이 방으로 들어오기 전 짧은 시간을 틈타 사무실을 유심히 둘러보았다. 그리고 한 가지 사실을 발견했다. 책꽂이엔 꽤 많은 클래식 음악 서적이 꽂혀 있었고, 그 옆 장식장엔 200장은 족히 넘어 보이는 클래식 CD와 함께 오디오까지 놓여 있었다. 은행 직원은 대화를 어떻게 풀어나가야 할지에 대한 실마리를 발견했다. 그 또한 클래식 음악에 대한 조예가 남달랐기에 자신감은 더욱 충만해졌다.

사장이 들어오고 대화가 시작되었다. 은행 직원이 클래식 음악에 대한 이야기부터 꺼내자 사장은 반색을 하며 신바람이 나서 한 시간 이상을 떠들어댔다. 은행 직원은 그의 말에 추임새까지 넣어가며 맞장구를 쳐주었다.

사장은 매우 환한 얼굴로 말했다.

"이렇게까지 클래식을 수준 높게 이해하는 사람을 본 적이 없는데, 박 대리는 참 대단하군요. 내가 오늘 무척 기분이 좋아요. 내 음악적 취향을 이처럼 깊게 이해해주는 동지를 만나서. 우리 자주 만나 음악도 듣고 얘기도 나누고 합시다. 그래줄 수 있지요?"

"네, 사장님. 그렇게 하겠습니다. 저 또한 이렇게 음악에 조예가 깊으신 분을 뵙게 되어서 아주 기분이 좋습니다. 앞으로 많이 가르쳐주십시오."

은행 직원은 환하게 웃으며 대답했다.

"그 무슨 겸손의 말씀을. 내가 배워야지요. 그리고 오늘 귀 은행에 돈을 예탁하겠어요. 박 대리를 보니 믿음이 갑니다."

"감사합니다, 사장님. 저희 은행에서 잘 관리하겠습니다."

상대방의 흥미를 발견하고 그에 대한 동질감을 심어주면 뜻하지 않은 성과를 이룰 수 있다. 사람이란 자신의 일에 흥미를 가져주는 사람을 믿는다는 사실을 기억하라.

상대방에게 친절히 대하자

　사람은 자신에게 친절한 사람을 좋아하고, 그런 사람에게 관심을 보인다. 친절한 사람은 상대방으로 하여금 가까이 해도 좋겠다는 마음을 갖게 만든다. 왜냐하면 친절한 사람은 사귀기에 부담이 없고 마음을 밝게 만들기 때문이다. 그래서 사람들은 친절한 사람을 친구로 사귀기를 원한다.

　친절한 사람은 빛과 같고 소금과 같은 사람이다. 친절한 사람이 있는 곳의 주위에는 항상 웃음꽃이 핀다. 친절은 상대방에게 따스한 삶의 에너지를 주고, 그 사람 역시 친절한 사람으로 살아갈 수 있도록 도와준다.

　아미엘은 "친절한 마음가짐의 원리, 타인에 대한 존경은 처세법의 제일 조건이다"라고 했다. 아미엘의 말처럼 친절은 상대방에게 자신을 신뢰하게 만드는 최고의 처세술이다. 사업을 하든, 회사를 운영하든, 직장 생활을 하든 그 무엇을 하든 친절한 사람이 더 빨리 좋은 성과를 이루는 예가 우리 주위에는 많다. 친절은 가장 훌륭한 삶의 처세술임을 믿어라.

항상 웃는 생활을 하자

웃는 사람은 꽃보다 아름답다. 꽃은 향기가 지고 꽃잎이 시들면 그 즉시 꽃으로서 생명을 상실하지만, 사람의 향기는 그 사람이 존재하는 한 계속 가는 법이다.

우리 속담에 "웃는 얼굴에 침 뱉으랴"라는 말이 있다. 잘 웃는 사람은 그 사람이 설령 실수를 하더라도 이해해주고 싶은 마음을 갖게 만드는 힘이 있다. 그것은 웃음이 상대방의 마음을 푸근하게 감싸주는 마력을 지니고 있기 때문이다.

처음 만난 사람도 웃음을 간직한 사람에겐 깊은 호감이 간다. 웃음 속엔 사람을 기분 좋게 만드는 엔돌핀이 들어 있다는 사실을 기억하라.

불필요한 논쟁은 하지 말자

사람들의 마음속엔 남에게 지지 않으려는 강한 욕구가 있다. 남에게 진다는 것은 기분을 우울하게 하고, 불쾌한 감정에 빠지게 하기 때문이다. 그래서 사람들은 남과 논쟁을 벌이는 일이 생기거나 싸우는 일이 생기면, 어떻게든 상대방을 이기려 한다.

그런데 이런 마음속에 독이 들어 있다는 사실은 잘 모르는 것 같다. 상대방을 이기려는 마음이 너무 강하면 자신의 인생도 잘 살아갈 수 없다. 이런 사람을 좋아할 사람은 그 어디에도 없음을 알아야 한다.

감정이 개입되지 않은 건전한 논쟁은 건설적이고 긍정적이지만, 불필요한 논쟁은 대개 감정이 개입되어 상대방이나 자신 모두를 분노하게 만들고 불쾌하게 만드는 비능률적이고 비생산적인 것이다.

이에 대해 벤저민 프랭클린은 "만일 당신이 논쟁, 언쟁, 반박을 하면 흔히 승리를 거둘 수도 있다. 그러나 그것은 무익한 승리이다. 왜냐하면 당신은 절대로 상대방의 호의를 받을 수 없기 때문이다"라고 말했다.

쓸데없는 논쟁으로 자신의 인생을 소모하지 말기 바란다.

유머 감각을 키우자

다양하고 다변화된 현대 사회에서 살아가려면 유머 감각을 키워야 한다. 유머는 사람들 사이를 부드럽게 만들고 친밀감이 들도록 한다.

처음 만난 사람들 사이에서도 유머는 매우 중요한 역할을 한다. 서먹서먹하다가도 한번 웃고 나면 딱딱한 분위기가 금세 사라진다.

지금 우리 사회에서는, 출세하기 위해선 유머 감각을 키우라는 말이 유행처럼 돌고 있다. 많은 사람들이 이에 발맞춰 유머러스한 화술을 익히기 위해 학원을 찾기도 한다. 과거엔 잘 웃는 사람을 가볍다고 폄하했으나 지금은 잘 웃는 사람을 선호한다. 세월의 흐름은 사회 분위기까지 바꾸어버린다.

유머는 메마른 가슴을 부드럽게 만드는 삶의 윤활유이다.

분노를 함부로 표출하지 말자

대인 관계에서 쉽게 분노하는 사람들을 흔히 볼 수 있다. 쉽게 화를 내는 사람은 그가 많이 배운 사람이든, 돈이 많은 사람이든, 지위가 높은 사람이든, 혹은 인물이 뛰어난 사람이든 간에 경박해 보이고 거리감이 느껴진다. 그래서 그 사람에게 쉽게 다가가기가 꺼려진다.

분노는 사람을 멀리하게 만들고, 그 사람을 외롭게 만드는 것이다. 따라서 대인 관계에서 분노는 필히 삼가야 한다.

분노의 위험성은 의외로 크다. 우리 속담에 "공든 탑이 무너진다"라는 말이 있듯이, 분노는 어렵게 쌓아 올린 공든 탑마저도 한순간에 무너뜨린다. 그만큼 분노는 대인 관계에 있어 악영향을 준다는 뜻이다.

상대방에게 환영받는 사람이 되고 싶은가? 그렇다면 분노를 함부로 표출하지 마라.

약속을 소중히 여기자

약속은 사람이 살아가면서 흔히 하는 일종의 규범과도 같은 것이다. 약속 없는 대인 관계란 없다. 부부 간의 약속, 부모와 자녀 간의 약속, 스승과 제자 간의 약속, 친구 간의 약속, 연인 간의 약속, 직장 동료 간의 약속, 기업과 기업 간의 약속, 생산자와 소비자와의 약속 등 살아가면서 늘 하게 되는 것이 약속이다.

그런데 문제는 이 소중한 약속을 쉽게 깨뜨린다는 것이다. 별생각 없이 쉽게 약속을 깨뜨리는 사람들은 "오늘 못 하면 내일 하면 되지"라고 쉽게 말하곤 한다. 물론 피치 못할 일이 생길 경우에는 어쩔 수 없지만, 상대방에 대한 미안한 마음 없이 약속을 쉽게 저버리는 것은 대단히 위험한 행위다. 약속을 잘 지키지 않는 사람을 신뢰할 사람은 없다.

약속은 신뢰와 믿음을 의미한다. 약속을 소중히 여겨라. 현대 사회는 신의의 사회이다. 그것을 결코 잊어서는 안 될 것이다.

내가 먼저 배려하는 마음을 갖자

누군가가 자신을 필요로 한다면 그것은 인생을 비교적 잘 살고 있다는 증표다. 그 누구도 자신을 필요로 하지 않는 것처럼 비참한 일은 없다.

어디서든 환영받는 사람들에겐 한 가지 특성이 있는데, 그것은 상대방의 말에 귀를 기울이는 데 익숙하고, 자신보다는 상대방을 먼저 생각하는 마음이 넉넉하다는 것이다.

한 번뿐인 인생을 멋지게 살아라. 자신이 누군가에게 환영받는 사람이 된다는 것은 인생을 보람 있게 살고 있다는 증거이며, 그런 사람이 진실로 성공한 인생이다.

실천마인드 30
환영받는 사람이 되는 법칙

- 상대방을 신뢰한다는 강한 이미지를 심어주자.
- 상대방이 무엇에 흥미가 있는지 발견하는 센스를 갖자.
- 상대방에게 친절히 대하자.
- 항상 웃는 생활을 하자.
- 불필요한 논쟁은 하지 말자.
- 유머 감각을 키우자.
- 분노를 함부로 표출하지 말자.
- 약속을 소중히 여기자.

31
자신의 가치를
한껏 높이는 사람이 되자

매일 자신을 새롭게 하라. 몇 번이라도 새롭게 하라.
내 마음이 새롭지 않고서는 새로운 것을 기대하지 못한다.
동양 명언

세상에 단 하나뿐인 사람이 되라

"사람은 그 마음속에 정열이 불타고 있을 때가 가장 행복하다. 정열이 식으면 사람은 급속도로 퇴보하고 무위하게 되어버린다."

라로슈푸코의 말이다.

이 말처럼 사람에게 열정은 매우 중요하다. 열정은 활력이 넘치는 에너지다. 그래서 열정은 사람을 가만히 놔두지 않는다.

열정이 없는 사람은 마치 살아 있는 로봇과도 같다. 도무지 의욕이 없고 미래에 대한 비전도 없다. '오늘이 가면 내일이 오겠지'라는 안이

한 생각으로 살아간다.

현대를 다양화의 시대, 개성이 삶을 지배하는 사회라고 말한다. 이런 사회에서는 각 사람 하나하나가 상품성을 지닌 존재로 평가된다. 이른바 자신을 브랜드화하는 시대가 오늘의 현대 사회인 것이다.

마음속에 열정을 품고 있는 사람은 그 사람만의 색깔로 빛이 나기 마련이다. 그것이 그 사람의 개성을 돋보이게 하고, 그 사람만의 브랜드를 만들어준다. 현대 사회는 개성이 삶을 지배하는 사회임을 잊지 말자.

자신의 가치를 높이기 위해서 어떻게 해야 할까

잘하는 일에 자신을 투자하라

독창적인 아이디어는 고부가가치를 추구하는 현대 사회에서 없어서는 안 될 필수 요소이다. 특출난 아이디어의 가치는 실로 크다. 사람들에겐 저마다 그 사람만이 잘하는 재능이 있는데, 그 재능을 잘 살리면 상상할 수 없는 결과가 기다린다.

우리 사회는 학교 공부만 잘할 것을 요구하지만, 공부만으로는 자신이 갖고 있는 재능을 살려나갈 수 없다. 안시현, 김미현 등은 자신의 재능인 골프로 자기 자신의 가치를 높였을 뿐만 아니라 국위선양도 했다. 프리미어리그의 박지성과 이영표는 축구로, 김연아는 피겨스케이팅으로, 임동혁은 피아노로, 이효리는 노래와 댄스로, 김제동은 유머 있는 언변으로, 서재응은 야구로, 이세돌은 바둑으로 자신의 인생을 멋지게 개척했다. 이는 공부와는 전혀 관계없는 분야들이다.

공부를 잘해서 의사나 판·검사, 교수가 되는 길만 최고라는 것이 우리 사회의 고정관념이다. 하지만 이제는 다르다. 개인의 개성을 살려 다양한 분야로 진출하는 것이 더욱 환영받는다. 현대 사회가 요구하는 이런 특징을 인정해야 한다.

지금은 개성 있는 재능이 그 무엇보다도 성공의 지름길이 된다. 또한 자신이 좋아하는 일을 할 때 더욱 보람을 느낄 수 있다는 사실도 기억해야 한다.

잘할 수 있다는 신념을 가져라

신념은 매우 중요하다. 신념이 있는 사람은 의지가 굳고, 목표 의식이 뚜렷하다. 신념이 있는 사람은 그 어떤 시련이나 고통이 따라도 능히 견디어내는 용기를 가지고 있다.

아시아 최고의 홈런왕 이승엽 선수. 그의 신념은 참으로 대단하다. 그가 일본 프로 야구에 첫 출전한 해에는 적응이 안 되어 진가를 발휘

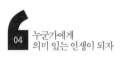

하지 못했다. 그러나 그다음 해에 곧바로 아시아 홈런 거포답게 30개가 넘는 홈런을 쳐내고 역시 이승엽이란 찬사를 받았다. 그가 첫해 부진에 막혀 좌절했다면 성취하지 못할 쾌거였다. 그를 성공하게 만든 것은 한국 선수의 자존심이라는 신념이었다.

신념이 있느냐 없느냐는 엄청난 차이를 낳는다는 사실을 잊지 마라. 그것이 성공의 비결이다.

쓸데없는 경쟁에 휘말리지 말자

경쟁은 현대 사회에서 피할 수 없는 일이다. 경쟁이 있어야 그만큼 발전 속도를 높일 수 있다. 그러나 경쟁이 지나쳐 상대방을 비난하고 음해하고 곤경에 빠뜨린다면, 그것은 경쟁이 아니라 경쟁을 가장한 폭력이다.

경쟁엔 반드시 페어플레이 정신이 따라야 한다. 스포츠에서 볼 수 있는 페어플레이 정신이 경쟁자가 갖추어야 할 바람직한 자세다. 그런 자세가 없으면 쓸데없는 경쟁에 휘말리게 되고, 그로 인해 자신은 물론 상대방에게도 막대한 피해를 입힐 수 있다. 제 살 깎아먹는다는 말처럼, 이는 둘 다 불행해지는 길임을 꼭 유념해야 한다.

페어플레이 정신, 그것이 경쟁자가 필히 갖추어야 할 요소임을 기억하라.

목표를 향해 항상 공부하라

자신의 목표가 정해지면 그 목표에 맞는 공부를 해야 한다. 공부하지 않으면 뒤처질 수밖에 없다. 더구나 하루가 멀다 하고 변화하는 시대에 공부하지 않고 목표를 달성한다는 것은 감나무 밑에서 입을 벌리고 있는 것과 다를 바 없다.

"지피지기면 백전백승"이라는 말이 있듯, 자신이 하는 일을 제대로 알아야 그 일을 성사시켜 멋진 주인공이 될 수 있는 것이다.

그런데 공부를 안 하는 사람들이 의외로 많은 것 같다. 요즘은 어른 아이 할 것 없이 도무지 책을 읽지 않는다고 한다. 책을 읽지 않으니 무슨 공부가 되겠는가. 새로운 정보, 새로운 지식, 새로운 문화를 받아들이기 위해 풍부한 독서는 필수다.

남보다 잘되고 싶은가? 그렇다면 한 손엔 책을, 그리고 한 손엔 노트북을 들어라.

스스로를 소중히 여겨라

자신을 소중하게 여기는 사람은, 타인도 그를 소중하게 생각한다. 자신을 이 세상에서 가장 중요한 사람이라고 생각하라. 자신은 늘 행복한 사람이라고 생각하라. 자신은 이 사회가 반드시 필요로 하는 사람

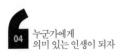

누군가에게
의미 있는 인생이 되자

이라고 생각하라. 자신의 가치를 스스로 높이는 사람이 되어야 한다.

그러나 여기서 한 가지 분명히 해야 할 것은, 노력 없이 자신의 가치가 높아지는 것은 아니라는 점이다. 남이 자신을 보고 그 가치를 인정할 수 있는 실력을 갖추어야 한다. 실력을 갖춘 자야말로 자신의 가치를 인정받을 수 있는 것이다.

자신의 가치를 높이려면 자기 자신을 브랜드화해야 한다. 자신을 브랜드화한다는 것은 자기만의 개성과 잘하는 일을 찾는 것이다. 자신이 잘할 수 있는 일에 투자하고, 잘할 수 있다는 신념을 가져야 한다. 쓸데없는 경쟁은 하지 말고, 목표를 향해 항상 공부해야 한다.

인생에서 거저 되는 것은 하나도 없다. 노력하고 노력하라. 그것이 성공적인 인생을 사는 가장 확실한 비결이다.

실천마인드 31
자신의 가치를 높이는 법

- 자신이 잘하는 일에 자신을 투자하자.
- 잘할 수 있다는 신념을 갖고 하고 싶은 일을 하자.
- 쓸데없는 경쟁에 휘말리지 말자.
- 목표를 향해 꾸준히 공부하자.
- 자신은 행복하게 잘 살기 위해 태어났다고 생각하라. 그러면 자신을 함부로 여기지 않고 최선을 다하게 된다.
- 자신의 가치는 누가 높여주는 것이 아니라 스스로 높이는 것이다. 가치 있게 생각하고 행동하라.
- 자신을 함부로 여기면 남도 함부로 여긴다. 자신을 존중하라.

32
자기다움이라는 삶의 나무,
자신만의 철학 갖기

한 시간 동안의 사색은,
착한 행위가 없는 일주일 동안의 기도회보다 귀중한 것이다

엘리자베스 하리슨

자신만의 철학을 갖는 것이 중요하다

사람이 자신만의 철학을 갖고 있다는 것은 보다 나은 자신의 길을
갈 수 있는 가장 근원적인 삶의 자세이다.

철학이란 나무에 빗대면, 나무의 깊고 단단한 뿌리와도 같다. 뿌리
가 견고한 나무는 땅을 힘차게 끌어안고 줄기와 가지를 뻗어 무성한
잎과 과일을 맺는다. 그러나 뿌리가 견고하지 못한 나무는 약한 비바
람에도 견디지 못하고 쓰러져 나무로서의 생을 마치고 만다.

철학이 있는 사람은 정신이 반듯하고 주관이 뚜렷하며, 그 어떤 외

부의 강압에도 절대로 흔들리지 않고 굳건한 마음으로 자신의 길을 당당하게 걸어가 자신이 이루고자 하는 일을 반드시 해내고야 만다. 그러나 철학이 없는 사람은 정신력이 흐릿하고 주관이 불분명해 굳은 의지 없이 힘든 삶을 살아간다. 철학이란 사람에게 정신의 뿌리이며 줄기라고 할 수 있다.

그런데 많은 10대들이 자기만의 철학을 지니지 못한 채 과중한 공부에 시달리고 있다. 또한 자기만의 철학을 갖고 자신의 길을 가려 해도, 그 의지를 꺾어버리는 교육 제도와 주변 사람들로 인해 큰 혼돈을 겪는 청소년들도 많다.

대부분의 청소년들은 획일적인 틀에 갇혀 어른들이 만들어놓은 인생 계획에서 벗어날 수가 없다. 결국 청소년 각자가 태어날 때부터 지니고 있는 그들의 고유한 특성이 무시되고 마는 것이다.

이런 갑갑한 현실 속에서 청소년들은 사색하며 자신의 마음을 닦는 일을 게을리하게 되고, 무언가를 진득하게 생각하는 힘이 부족해진다. 단순한 것도 생각하는 일이라면 고개를 좌우로 흔들며 거부 반응을 일으킨다.

그러나 여러분 인생의 주인공은 바로 여러분 자신들이다. 행복한 인생을 살아가기 위해서는 자신의 의지에 따라 생각하고 행동하는 자신만의 철학을 가져야 한다. 그 철학을 기르는 것은 오직 자신의 몫이다.

철학은 자신의 삶에 새로운 세계가 펼쳐질 수 있는 기회를 갖게 한다. 갈수록 다변화되는 현대 사회에서는 다양한 생각이 필요한데, 그 다양한 생각을 튼튼하게 받쳐주는 것이 철학이다.

앞으로 다가올 미래에 보다 나은 삶을 살아가기 위해서는 남보다 앞서는 특출한 생각을 해야 한다. 독보적인 생각을 기르기 위해서는 자신만의 철학이 필요하다는 것을 마음 깊이 새겨야 한다.

한 사람의 철학은 타인에게도 큰 영향을 미친다

미국의 저명한 강연자이자 저술가인 노먼 V. 필 박사는 자신만의 뚜렷한 철학을 가진 한 사람의 생각이 미치는 영향이 얼마나 큰지에 대해 말했다.

헨리 J. 카이저는 나에게 다음과 같은 이야기를 한 적이 있다.

그는 언젠가 하천둑의 보수 공사를 한 적이 있는데, 폭풍우 때문에 홍수가 나고 흙의 운반 기계가 매몰되는 등 지금까지 한 작업이 모두 파괴되고 말았다. 물이 빠진 다음에 손해를 조사하기 위해 현장에 가보니, 노동자들이 침울한 얼굴로 진흙과 기계를 바라보고 있었다.

그가 가까이 다가가 미소를 지으며 도대체 왜 그토록 우울한 표정을 짓고 있느냐고 물었다. 그러자 그들은 기계가 모두 흙을 뒤집어써서 큰일이라고 대답했다. 헨리 J. 카이저가 다시 물었다.

"도대체 어디 진흙이 있는가?"

노동자들은 그의 엉뚱한 말에 놀라, 주위를 한 번 둘러보라고 대답했다.

그는 웃으며 다시 말했다.

"내 눈엔 진흙 따윈 보이지 않는군."

노동자들은 이상한 눈으로 그를 바라보았다. 그는 이어서 이런 말을 했다.

"나는 저 푸른 하늘만 쳐다보고 있으니까. 하늘엔 진흙 같은 건 없다네. 오직 밝은 태양만 빛나고 있을 따름이지. 나는 지금까지 태양에 저항할 수 있는 진흙은 본 적이 없다네. 이제 곧 진흙은 말라버리고 말겠지. 그러면 자네들은 쉽게 기계를 움직일 수 있을 테니 다시 일을 시작하면 되지 않겠는가?"

그러자 노동자들은 그의 긍정적인 태도에 감동하며 일을 시작했다고 한다.

이런 말은 보통 사람들로선 쉽게 하지 못하는 말이다. 대개의 사람

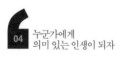

들은 이런 상황이 되면 그동안 들인 돈과 노력에 대해 생각하며 땅이 꺼져라 한숨을 쉬고 침울한 표정으로 한동안 실의의 나날을 보내게 된다. 그러나 헨리 J. 카이저는 그러지 않았다. 그래 봐야 아무런 소용이 없다는 것을 너무도 잘 알았기 때문이다. 그는 고통으로 낭비되는 시간을 줄이는 현명한 선택을 했던 것이다.

그가 이런 남다른 생각을 할 수 있었던 것은, 그에겐 그만의 분명한 철학이 있었기 때문이다. 철학이 있는 사람은 자신만의 색깔을 가지고 있다. 이것이 바로 철학을 갖고 살아야 할 이유인 것이다.

성공한 인생은 자신만의 뚜렷한 철학이 있다

인생을 풍요롭게 살다 간 사람들이나 살고 있는 사람들에겐 남들에게는 없는 그 사람만의 색깔이 있다. 이것이 바로 그 사람의 철학이다.

악성 베토벤은 "남을 위하여 일을 할 수 있었다는 것은 어린 시절부터 나의 최대 행복이었으며 즐거움이었다"라고 말했다. 이 말에서 보듯, 그의 철학은 자신의 음악을 통해 사람들을 행복하게 하는 것이었다. 그 결과 그는 수백 년이 지난 지금도 자신의 음악을 통해 많은 사람들을 감동에 젖게 하고 큰 즐거움을 주고 있다.

백의의 천사 나이팅게일 역시, 부유한 집안에서 태어났지만 한평생을 환자를 보살피는 일로 삶을 일관하여 지금까지도 전 인류에게 사랑의 평화주의자로 기억되고 존경받는다. 그녀 역시 남을 위해 희망을 주자는 자신만의 철학을 세웠고 그 철학대로 살았던 것이다. 마더 테레사 수녀, 페스탈로치, 앙리 뒤낭, 쿠베르탱 등 수많은 사람들이 자신만의 철학 속에서 가치 있는 삶을 남기고 떠났다.

철학이 없다는 것은 분명 불행한 일이다. 철학이 없는 사람은 목적의식 또한 분명하지 않다.

자신만의 철학은 10대 청소년 시절에 세워야 한다. 10대는 인생에 있어 가장 중요한 시기이다. 이 시기엔 몸과 마음이 급속도로 변화하고 이성과 감성 역시 변화한다. 뿐만 아니라 자신의 진로를 결정해서 앞으로 공부할 대학을 선택하는 시기이다. 이 소중하고 황금 같은 시기에 자신의 의사와는 달리 타인의 욕구에 의해서 자신의 삶을 결정한다면, 그것처럼 불행한 일은 없을 것이다.

청소년들이여, 생각하고 또 생각하라. 사색할 줄 모르는 사람은 사색에서 오는 참된 인생의 즐거움을 결코 경험할 수 없다. 철학은 사색에서 오는 것이며, 그 사색으로 인해 완성된다.

자신의 인생을 무언가 보람 있게 살길 원한다면 반드시 자신만의 철학을 세우고, 그 철학 위에 자신의 열정과 땀방울을 아낌없이 바쳐야 한다. 그렇게 될 때 충만하고 행복한 삶이 다가올 것이다.

실천마인드 32

자신만의 철학을 기르는 법

- 자신만의 인생 목표를 세우자.
- 자신만의 좌우명을 새기자.
- 좋아하는 인물 닮기에 힘쓰자.
- 자신의 특징을 잘 파악하고 거기에 맞는 사고를 기르자.
- 풍부한 독서를 하자.
- 자신만의 개성을 기르자.
- 늘 할 수 있다는 긍정적인 태도를 갖자.
- 참다운 인생은 무엇인가에 대해 고민해보자.
- 사색을 하고 관찰력을 기르자.
- 누구나 자신의 철학을 가질 수 있다는 마음을 품자.

부록

10대들이 알아두면 좋을 참 좋은 말
마음에 새기면 좋을 참 좋은 삶의 법칙

1
10대들이 알아두면 좋을
참 좋은 말

마음을 변화시키는 실천 키워드 33

1 고정관념은 변화의 적이다. 지금보다 더 나은 인생을 위한다면 고정관념을 마음 속에서 날려버려라.

2 새로운 자신의 모습을 항상 생각하라. 그러면 어떤 어려움도 고통도 견뎌낼 수 있다.

3 넘어지는 것을 두려워하지 마라. 당신이 지금 잘 걷는 것은 걸음마를 배울 때 많이 넘어져봤기 때문이다. 당신이 진정 보다 나은 삶을 원한다면 장애물을 두려워하지 말고 넘어가라.

4 잘못된 것은 즉시 시정하라. 곪은 것을 그대로 두면 상처 부위를 도려내야 하듯 당신의 인생을 그릇되게 할 수 있다.

5 자신을 철저하게 관리하라. 자신에게 지는 자는 그 어떤 성공도 기대하지 마라. 성공한 자들은 하나같이 자신을 이긴 사람들이다. 어떤 상황에서도 자신을 이기는 자가 되라.

부록

6 성공을 방해하는 세 가지 나쁜 마인드의 첫째는 매사에 부정적인 생각을 하는 것, 둘째는 게으름과 나태함, 셋째는 대충 넘어가는 무사안일이다.

7 오늘 일은 반드시 오늘 끝내라. 하루를 미루면 이틀이 되고, 사흘이 되고, 나흘이 되고, 한 달이 되고, 일 년이 되고, 십 년이 되고, 끝내는 영원히 못 하게 된다.

8 모험을 두려워하지 마라. 새로운 미래, 새로운 발상, 새로운 발전을 위해 상상하라. 하지만 모험을 두려워하면 그 어떤 결과도 얻지 못한다.

9 열정형 인간이 되라. 열정은 불가능을 가능하게 한다. 열정을 믿어라. 열정이 사라지지 않도록 꿈을 잃지 마라.

10 내 인생의 멘토를 정하라. 한 사람의 훌륭한 멘토가 훌륭한 인생을 만든다. 훌륭한 멘토는 지혜와 경험을 제공함으로써 성공적인 삶을 이루는 데 있어 결정적인 역할을 한다.

11 실천하지 않으면 아무런 결과도 얻을 수 없다.

12 신념은 곧 자신에 대한 믿음이다.

13 걱정이란 못된 짐승이 나를 구속하지 않도록 틈을 주지 마라. 걱정이란 짐승은 한 치의 겨를도 없이 마음에서 멀리 쫓아버려라.

14 무너진 강둑은 다시 쌓으면 되지만 한 번 깨진 신뢰를 다시 쌓기란 태산을 오르는 것처럼 힘들다.

15 경쟁에서 밀리면 결과는 실패라는 붉은 딱지를 남기게 될 것이다. 피해 갈 수 없는 경쟁이라면 과감하게 맞서 목숨 걸고 싸워 이겨라.

16 경쟁에서 스트레스를 받기보단 오히려 경쟁을 즐기는 편을 택하라. 즐기는 경쟁

에 익숙해지면 경쟁은 흥미로운 게임처럼 여겨지게 될 것이다.

17 새로운 변화에는 늘 두려움과 걱정이 따른다. 이는 새로운 것에 대한 실패를 염려하기 때문이다. 새로운 변화를 원한다면 두려움의 사슬에서 벗어나야 한다.

18 지금의 자리에 안주하는 것은 더 나은 내일을 포기하는 것과 같다. 이상을 품고 새로운 변화를 꿈꿔라. 변화하는 자만이 더 나은 이상을 실현시킬 수 있다.

19 '성공의 열쇠'는 쉽게 손에 넣을 수 없는 보석상자. 성공의 열쇠를 손에 쥐기 위해서는 남이 망설일 때 하라. 쉽게 손에 쥘 수 있는 성공의 열쇠는 그 어디에도 없다.

20 강물은 거꾸로 흐르지 않듯 모든 이치는 순리대로 흘러간다. 순리를 거스르는 것은 무질서이며 그 결과는 곧 실패를 가져온다.

21 정직은 언제나 옳다. 정직은 죽지 않는다. 그래서 정직은 영원으로 남는다. 정직! 정직은 모든 것의 최선이다.

22 창조적이고 진취적인 인간형이 되라. 능동적이고 열정적인 인간형이 될 때 그 어떤 일도 성공적으로 이끌어낼 수 있다.

23 자신을 성공적인 인간형 모드로 전환시켜라. 어떤 일을 하다 중도에서 포기한다면 그것처럼 어리석은 일은 없다. 자신이 어리석은 인간형 모드에 갇히지 않으려면 확고한 신념으로 꾸준하게 실천하라.

24 자신의 능력에 맞는 목표를 정하라. 사람은 누구나 그 사람만의 특기와 장점이 있다. 그 특기와 장점을 최선의 노력으로 활용하라. 그리고 꾸준히 실천하라.

25 현실을 직시하는 눈을 길러라. 무슨 일을 하든 현실을 정확하게 판단하는 눈이 밝아야 자신이 하는 일을 성공적으로 이끌어낼 수 있다. 많은 독서를 하고 신문과 뉴스

보는 것을 즐겨라. 세상을 보는 상식의 깊이가 현실을 직시하는 눈을 길러준다.

26 시간 관리에 능통한 사람이 되라. 똑똑한 사람은 자신에게 주어진 1시간을 2시간, 3시간으로 값지게 쓰지만 어리석은 자는 단 1분의 가치도 없게 시간을 허비한다.

27 꿈이 있는 삶은 가난해도 행복하다. 그러나 꿈이 없는 삶은 돈이 많아도 행복하지 않다. 꿈은 돈이 줄 수 없는 절대적인 인생의 가치를 지녀 사람들을 행복하게 만드는 것이다.

28 집중력이 성패를 결정한다. 집중력을 키워야 한다는 것은 누구나 알고 있지만 그것을 실천으로 옮기는 데는 매우 약하다. 끈기와 인내심이 부족하기 때문이다. 아무리 생각이나 취지가 좋아도 실천하지 않으면 아무 소용이 없다.

29 항상 인생을 낙관적으로 생각하라. 낙관적인 생각은 사람을 능동적이고 긍정적으로 만든다. 그래서 시련이 파도처럼 밀려오고 고통이 산처럼 높이 쌓여도 쓰러지는 법이 없다. 오히려 그것을 교훈 삼아 새로운 길을 모색하는 지혜를 발휘하게 되는 것이다.

30 자신의 미래를 내다보는 눈을 길러라. 자신의 미래를 내다볼 수 있는 눈을 기르기 위해서는 많은 책을 읽어라. 책 속엔 수많은 길이 있고 지혜의 숨결이 담겨 있다. 책의 숲길에서 지혜와 정보와 새로운 아이디어를 찾아 자신의 미래를 철저하게 세우고 성공의 길로 나아가라.

31 자신만의 주체성을 길러라. 주체성이 있는 사람과 그렇지 않은 사람은 현격한 차이를 보이기 때문인데, 주체성이 있는 사람은 자기 주관이 분명하다. 주체성이 있는 사람은 자신만의 색깔을 갖고 있다. 남의 것을 따라 하거나 억지로 흉내 내지 않는다. 남에게는 없는 자신만의 것, 이를 개성이라고 하는데 현대 사회는 개성이 뚜렷한 사람을 필요로 하는 시대이다.

32 무엇을 하든 즐거운 마음으로 하라. 즐거운 마음으로 하면 마음에 부담이 없고, 마치 즐거운 게임을 하는 것처럼 생각된다. 그래서 즐거운 마음으로 하면 예상했던 것보다 훨씬 좋은 결과를 얻을 수 있는 것이다.

33 개척자 정신을 길러라. 개척자 정신은 창조적 에너지의 원천이며 불굴의 신념의 근원이다. 개척자 정신을 마음에 품고 무장하라.

부록

2
마음에 새기면 좋을
참 좋은 삶의 법칙

오늘만은_시빌 F. 패트릭

오늘만은 행복하게 지내자. 진정한 행복은 내부에 존재한다. 그것은 외부에서 오지 않는다.

오늘만은 자신을 사물에 적응시켜라. 사물을 자기가 원하는 대로만 지배해서는 안 된다. 가족, 일, 운을 있는 그대로 받아들여 자기를 거기에 적응시켜라.

오늘만은 몸을 조심하라. 적당히 운동을 하고 영양을 섭취하라. 몸을 혹사시키거나 함부로 하지 마라. 그러면 몸은 내 명령에 따르는 완전한 일체가 될 것이다.

오늘만은 내 마음대로 강하게 하라. 자기에게 이로운 것을 배워라. 정신적인 게으름뱅이가 되지 마라. 노력과 집중력을 길러주는 책을 읽어라.

오늘만은 세 가지 방법으로 영혼을 움직여라. 남이 알아차리지 못하게 선한 일을 행하라. 윌리엄 제임스가 말한 것처럼 수양을 위해 적어도 두 가지는 자신이 하고 싶은 것을 하라.

오늘만은 유쾌한 태도를 취하라. 되도록이면 기력이 왕성한 모습을 하고, 어울리는 옷을 입고, 조용히 말하고, 예의 바르게 행동하고, 아낌없이 남을 칭찬하라. 그리고 남을 비판하지 말며 그 어떤 약점도 지적하지 말고, 남을 훈계하거나 경고하지도 마라.

오늘만은 오늘 하루를 위해 열심히 살아라. 인생의 모든 문제를 한꺼번에 처리하려고 하지 마라. 그 어떤 일도 단 한 번에 이루어지는 것은 흔치 않음을 기억하라.

오늘만은 하루의 프로그램을 세워라. 시간마다 해야 할 일을 적어두라. 그대로 다는 할 수 없을지라도 해보라. 초조와 게으름을 제거할지도 모르는 일이니까.

오늘만은 30분 동안 혼자서 조용히 쉴 수 있는 시간을 가져라. 그리하면 자신의 인생에 대한 올바른 인식을 할 수 있을 것이다.

오늘만은 두려움을 갖지 마라. 행복해져라. 아름다운 것을 즐기고 사랑하라. 내가 사랑하는 것이 나를 사랑하고 있다고 믿고 두려움을 갖지 마라.

카네기의 성공 금언 20 _앤드류 카네기

1 많이 구하면 많이 얻을 것이다. 많이 일하면 더 큰 것을 얻을 것이다.

2 공장장에게 적은 월급을 주는 대신 주식으로 지불할 수 있는 거액의 특전을 준다.

3 큰 이익을 얻으려면 가장 좋은 기계로 대량생산주의를 구축한다. 모든 사용인에게 많은 월급을 주고, 생산원가를 싸게 한다.

4 기계와 약품 등 비품을 소중히 여긴다.

 부록

5 사업의 결과는 매일 빠짐없이 보고받는다.

6 돌발 변수에 대해 항상 대비한다. 소문과 비평에 흥분하지 않고 결코 흔들리지 않는다.

7 생긴 수익금을 재투자한다.

8 스스로 노력하지 않는 자를 돕는 것은 무익한 일이다. 스스로 노력하는 자를 도울 것이다.

9 재산을 얻는 것만으로는 가치가 없다. 그것을 뜻있게 쓰는 것이 가치를 극대화시키는 것이다.

10 사업은 고상하고 진지한 기쁨이다. 그것은 평화와 이상의 건설과 같다.

11 사치는 개인을 망치고 인류를 망치게 하는 요인이며 죄악이다.

12 모방하지 말고 창조하라. 그리고 남보다 앞서 나가라.

13 남에게 끌려다니는 월급쟁이 근성을 가진 사람은 성공할 수 없다.

14 고용되어 회사를 위해 일하는 것이나 자신의 사업을 위해 일하는 것이나 마찬가지 일이다.

15 깊이 생각할 줄 모르거나 과단성 없는 자는 성공할 수 없다.

16 처음부터 저축하라. 성공을 이끄는 것은 저축이다. 저축하지 않으면 성공할 수 없다.

17 하고자 하는 일은 시작하기 전에 충분히 검토하라.

18 강한 신념과 큰 이상을 가져라.

19 믿는 일, 하고자 하는 일은 자신 있게 하라. 도중에 절대 포기하지 마라. 성공할 때까지 밀고 나가라.

20 노력하지 않는 자를 돕는 것은 죄악이다.

무엇이든 즐겁게 하는 10가지 원칙 _노먼 V. 필

1 자신을 마치 아틀라스(그리스 신화에 나오는 거인)인 것처럼 두 어깨에 하늘을 짊어지고 있다고 생각하지 마라. 심한 긴장감을 가져서도 안 된다. 또 자신을 궁색하게 생각하지 마라.

2 자신이 하는 일이 즐거워지도록 노력하라. 그렇게만 할 수 있다면 일이 힘든 것이 아니라 즐거운 것이 될 것이다. 따라서 그 일을 바꿀 필요가 없어질 것이다. 자신을 변화시켜라. 그렇게 하면 자신의 일이 새롭게 보일 것이다.

3 사업 계획을 세워라. 그리고 계획을 실행에 옮겨라. 만일 사업의 방법이 체계적이지 못하다면 바쁘게만 생각될 것이다.

4 모든 것을 한꺼번에 하려고 하지 말고 하나씩 하나씩 처리하라.

5 자신이 하는 일이 쉬운지 어려운지는 자신이 그 일을 어떻게 생각하느냐에 따라 결정된다. 그러므로 자신의 마음가짐을 바르게 가져야 한다. 일이란 어렵다고 생각하면 실제로 어려운 것이 되고, 쉽다고 생각하면 실제로 쉬운 것이다.

부록

6 자신의 일에 정통해야 한다. 지식은 힘이다. 일은 바르게 하면 비교적 쉽게 된다.

7 마음을 너그럽게 갖도록 노력하고 실행하라. 항상 홀가분한 마음으로 일을 대하라. 무리를 하거나 힘든 마음으로 해서는 안 된다. 아무런 고민도 하지 말고 밀고 나가라.

8 오늘 할 수 있는 것을 내일로 미루지 않도록 자신을 단련시켜라. 정리되지 않은 일이 쌓이면 점점 일이 어려워진다. 오늘 할 일은 오늘 끝내라.

9 자신의 일을 위해 기도하라. 그러면 효과적으로 마음에 여유를 갖게 될 것이다.

10 눈에 보이지 않는 친구를 가까이하라. 신은 우리보다 우리의 일을 더 잘 알고 있다. 어려운 일이 있을 때 신께 기도하라. 그리하면 홀가분한 마음으로 일을 할 수 있을 것이다.

문제를 명쾌하게 해결하는 10가지 _노먼 V. 필

1 어떤 문제도 반드시 해결될 수 있다는 굳은 신념을 가져라.

2 고요한 마음으로 묵상하며 최대한 평안한 마음을 가져라.

3 무리하게 문제를 해결하려고 하지 마라. 순리를 따라 차근차근 해결하라. 문제 뒤엔 항상 답이 있는 법이다.

4 주관적인 편견을 버리고 한 발 떨어져서 객관적으로 문제점을 바라보라. 처음엔 희미하나 또렷하게 보이게 될 것이다.

5 문제점을 메모지에 하나씩 적어보라. 그리하면 좀 더 생각이 분명하게 될 것이다.

6 문제점에 대해 기도하라. 기도를 하면 안 보이던 길이 보일 것이다.

7 인생의 선배나 스승에게 지혜를 구하라. 사람 사는 법은 누구나 같다. 지혜를 구하는 것도 문제 해결의 한 방편이다.

8 책을 읽어라. 책 속에 수많은 해답이 숨어 있다.

9 낯선 곳으로 여행을 하라. 새로운 기분을 전환시키는 것도 문제점을 해결하는 좋은 방법이다.

10 현실에서 피하지 말고 적극적으로 대응하는 자세를 가져라. 적극적이고 능동적인 자세야말로 문제 해결에 최정점이 될 것이다.

지금 하라 _로버트 해리

할 일이 생각나거든 지금 하십시오.
오늘 하늘은 맑지만, 내일은 구름이 보일는지 모릅니다.
어제는 이미 당신의 것이 아니니, 지금 하십시오.

친절한 말 한마디 생각나거든,
지금 말하십시오.
내일은 당신의 것이 안 될지도 모릅니다.

사랑하는 사람은 언제나 곁에 있지는 않습니다.

부록

사랑의 말이 있다면
지금 하십시오.

미소를 짓고 싶거든
지금 웃어주십시오.
당신의 친구가 떠나기 전에
장미는 피고 가슴이 설렐 때
지금 당신의 미소를 주십시오.

불러야 할 노래가 있다면
지금 부르십시오.
당신의 해가 저물면 노래 부르기엔
너무나 늦습니다.
당신의 노래를 지금 부르십시오.

성공이란 _랠프 월도 에머슨

자주 그리고 많이 웃는 것.
현명한 삶들로부터 존경받는 것.
아이들의 호감을 사는 것.
솔직한 비평가들의 인정을 받는 것.
미덥지 못한 친구들의 배반을 참아내는 것.
아름다움을 식별할 줄 아는 것.
다른 사람에게서 최선의 것을 발견하는 것.

건강한 아이를 낳든,

한 뙈기의 정원을 가꾸든,
사회 환경을 개선하든 간에
세상을, 자기가 태어나기 전보다
조금이라도 더 살기 좋은 곳으로 만드는 것.

자신이 살았었기에
단 한 사람이라도 좀 더 마음 놓고 살아간다는 사실을 아는 것.

이것이 성공이다.

 부록

누군가에게 꿈을 주는 사람이 되라

내 꿈은 꿈을 주는 사람입니다.

어둠을 몰아내고 깊이 잠든 대지를 깨우며
온 누리를 밝게 비추는 아침햇살처럼,
부정적인 생각으로 가득 찬 이들의 거친 마음을
꿈으로 가득 넘치는 긍정의 마음이 되게 하여
인간의 소중한 가치를 위해
나누는 삶을 사는 이들이 되게 하고 싶습니다.

꿈은 꿈을 가진 이의 친구며, 이상입니다.
꿈을 이룬다는 것은 최고의 가치입니다.

지금 누리는 문명의 이기와 안락함은

과거에 꿈을 가진 이들이 이뤄낸 꿈의 결실입니다.
꿈을 이루기 위해 그들이 흘린 땀과 눈물은
때때로 그들을 시련에 들게 하고 한숨짓게 했지만,
그들은 어느 한순간도 결코 포기하지 않았습니다.
꿈을 포기한다는 것은 모든 것을 포기하는 일이라는 걸
알았으므로 끝까지 하는 힘으로 이겨냈습니다.

꿈은 고통의 바다를 건너게 하고
시련의 능선도 넘게 하고
인간의 능력으로는 할 수 없는 것까지도
이루게 하는 긍정의 빛과 소금입니다.

꿈이 있는 사람은 아름답습니다.

꿈을 꾸는 사람은 미래를 사는 것입니다.
꿈을 꾼다는 것은 영원을 사는 것이기에
나는 꿈을 주는 사람이 되고 싶습니다.

이 시는 꿈을 주는 사람으로 살고 싶은 나의 간절한 열망을 담아 쓴
〈꿈을 주는 사람〉이다. 나는 시와 소설, 동화와 동시, 교양서, 자기계발
서 등 모든 분야의 글쓰기를 즐긴다. 모든 글들은 각기 그 글만이 지니
는 매력이 있다. 그 매력이 너무도 강렬하여 한시도 쉴 틈이 없다.

　나는 생각하는 것을 즐긴다. 생각하다 보면 새로운 생각을 발견하
게 되는데, 그 기쁨이 참으로 크다. 마치 귀한 보물을 발견한 것처럼
설렌다. 그럴 땐 먹지 않아도 배가 부르다.

　생각은 내 존재의 근원이며 글쓰기는 내 삶의 방식이다. 내 꿈은 글

쓰기와 강연을 통해 '꿈을 주는 사람'으로 영원히 기억되는 것이다.

나는 10대들에게 가치 있는 삶을 살아가는 길을 새롭게 열어주고 싶어 이 책을 쓰는 데 더욱 집중할 수 있었다.

글쓰기를 마치고 나자 참 행복했다. 이 책이 10대들에게 좋은 친구가 될 거라는 확신이 들었기 때문이다. 우리의 10대들이 한 명의 낙오자도 없이 모두가 잘되기를 소망한다.

김옥림